LES PETITES RÉFÉRENCES

1000 citations philosophiques

Denis HUISMAN
Docteur ès Lettres
Directeur Général de l'École Française des attachés de Presse (EFAP)

André VERGEZ
Docteur ès Lettres
Agrégé de Philosophie
Ancien élève de l'E.N.S.

Nouvelle édition revue et corrigée par
Serge LE STRAT
Professeur certifié de Philosophie

ISBN 2-09-184018-1

SOMMAIRE

II. LA CONNAISSANCE ET LA RAISON

III. LA PRATIQUE ET LES FINS

IV. ANTHROPOLOGIE, PHILOSOPHIE, MÉTAPHYSIQUE

PRÉSENTATION

Ce recueil, qui regroupe **1 000 citations**, s'adresse à tous les candidats au baccalauréat qui auront à rédiger une dissertation de philosophie.

Des **conseils méthodologiques** (ci-contre) précisent les règles à respecter pour faire le meilleur usage de ces citations. Celles-ci sont classées par **notions**, réunies dans quatre grandes parties (l'homme et le monde ; la connaissance et la raison ; la pratique et les fins ; anthropologie, philosophie, métaphysique).

Pour chaque notion, un certain nombre d'**orientations problématiques** ont été retenues, à partir de l'examen attentif des sujets proposés au baccalauréat. C'est en fonction de ces orientations que les citations sont classées. Ainsi, l'élève dispose, sous une forme condensée, des thèses principales qui s'affrontent autour d'une question donnée.

En outre, les citations les plus difficiles sont accompagnées d'un commentaire qui en dégage le sens ou en précise la portée.

En fin d'ouvrage, un **index des auteurs et des œuvres** d'où les citations sont extraites et un **index des notions** abordées vous permettront de trouver rapidement la référence cherchée.

CONSEILS MÉTHODOLOGIQUES

Si certains professeurs ont l'habitude de déconseiller aux élèves le recours aux citations, c'est que, souvent, elles ne sont pas utilisées à bon escient. En effet, l'emploi de la citation répond à des normes, à des lois qui lui sont propres et qu'il est nécessaire d'observer.

❶ IL FAUT RENDRE À CÉSAR…

Citer un auteur consiste à reproduire fidèlement une phrase que ce dernier a **réellement** écrite dans un ouvrage dont il est **effectivement** l'auteur. La citation exige donc de la mémoire, de la précision et de l'exactitude. Si vous n'êtes pas absolument sûr(e) du texte de la citation, du nom de son auteur et, accessoirement, de l'œuvre d'où elle est extraite, il est plus prudent de vous abstenir. Car attribuer le célèbre « Rien de grand ne s'est accompli dans le monde sans passion » (citation 78) à Kant (au lieu de Hegel) est plus grave que d'oublier de mentionner les analyses de Hegel dans une dissertation consacrée aux passions. Voici donc les quelques règles qu'il faut impérativement respecter :

– Mettez des guillemets en début et en fin de citation. Et si vous êtes amené(e) à tronquer la citation, n'oubliez pas de faire figurer, à la place des mots manquants, des points de suspension entre crochets : […].

– Mentionnez obligatoirement le nom de l'auteur, en l'utilisant pour introduire la citation.
EX. : Comme l'affirme Hegel, « rien de grand ne s'est accompli dans le monde sans passion. »
Ou bien : Si l'on en croit Marx, « ce n'est pas la conscience qui détermine la vie, mais la vie qui détermine la conscience » (citation 99).
Ou, plus simplement encore : Pour Sartre, « l'enfer, c'est les Autres » (citation 148).

– Soulignez le titre de l'ouvrage que vous citez.
EX. : Dans La Formation de l'esprit scientifique, Bachelard soutient que « la science […] s'oppose absolument à l'opinion » (citation 459).

– Et surtout, reproduisez fidèlement le texte de la citation.

❷ UNE BONNE CITATION EST UNE CITATION BIEN CHOISIE

On attend d'abord de vous une réflexion **personnelle**. Vous devez donc éviter de convoquer l'un après l'autre tous les philosophes qui ont dit quelque chose sur la question examinée. Une bonne citation est une citation qui s'intègre comme « naturellement » à votre argumentation, soit qu'elle se propose de définir une notion que vous venez d'introduire, soit qu'elle illustre ou résume à merveille une thèse que vous allez développer, soit encore qu'elle soulève une objection intéressante… Dans tous les cas, assurez-vous toujours que la citation choisie est bien en rapport avec le problème philosophique que vous avez identifié.

❸ CITER NE VOUS DISPENSE PAS D'ARGUMENTER

Aucune citation, si pertinente soit-elle, ne peut se substituer à une argumentation rigoureuse et motivée. En effet, ce n'est pas parce que tel ou tel philosophe du programme défend une thèse que celle-ci est nécessairement fondée, démontrée et, en un mot, valide. Ne vous abritez donc pas derrière l'autorité de Platon ou d'Aristote ; essayez de **penser par vous-même**, en vous appuyant, au besoin, sur les subtiles analyses de Platon ou d'Aristote.

❹ CITER NE VOUS DISPENSE PAS D'EXPLICITER

Enfin, si la citation prête à confusion, si elle n'est pas immédiatement intelligible ou si elle ne prend son sens que dans le cadre de la doctrine qui l'a engendrée, il vaut mieux la faire suivre de quelques lignes d'explication. Tout correcteur sera sensible à l'effort fourni pour montrer que vous **comprenez** les citations dont vous vous servez.

1 L'HOMME ET LE MONDE

1. CONSCIENCE ET INCONSCIENT

▶ La conscience de soi

1 **« Posséder le Je dans sa représentation : ce pouvoir élève l'homme infiniment au-dessus de tous les autres êtres vivants sur la terre. Par là, il est une personne. »**

Kant, *Anthropologie du point de vue pragmatique*, 1798.

Dès le moment où l'enfant commence à parler de lui à la première personne – moment décisif et irréversible –, il se saisit lui-même comme sujet pensant et conscient. Cette faculté de la conscience à se prendre elle-même pour objet, qu'on appelle la « réflexivité » de la conscience, fait de l'être humain une personne, c'est-à-dire, chez Kant, un sujet moral responsable constituant une fin en soi. ◆

2 **Conscience : « C'est le savoir revenant sur lui-même et prenant pour centre la personne humaine elle-même, qui se met en demeure de décider et de se juger. »**

Alain, *Définitions*, 1953 (posth.)

La conscience réfléchie, par laquelle chacun prend conscience de ses propres états de conscience, est aussi conscience morale. Car, portant mon attention sur mes véritables intentions, je suis à même d'en examiner la rigueur et la valeur morales. ◆

3 **« La seule façon d'exister pour la conscience c'est d'avoir conscience qu'elle existe. »**

Sartre, *L'Imagination*, 1936.

4 **« Connais-toi toi-même. »**

Maxime gravée au fronton du temple de Delphes.

Ce précepte, devenu la maxime favorite de Socrate, prête au contresens. En effet, il ne doit pas être interprété comme une invitation à l'introspection, mais comme la nécessité pour l'âme de connaître les valeurs d'après lesquelles elle se détermine. ◆

5 **« La maxime "Connais-toi toi-même", dans la bouche d'un dieu et adressée aux hommes, est presque une méchanceté. »**

Nietzsche, *Le Gai Savoir*, 1883.

▶ L'intentionalité de la conscience

6 **« Quand je pénètre au plus intime de ce que j'appelle *moi-même,* c'est toujours pour tomber sur une perception particulière ou sur une autre [...]. Je ne puis jamais arriver à me saisir *moi-même* sans une perception, et jamais je ne puis observer autre chose que la perception. »**

Hume, *Traité de la nature humaine*, 1740.

7 **« Le mot *intentionalité* ne signifie rien d'autre que cette particularité foncière et générale qu'a la conscience d'être conscience *de* quelque chose. »**

Husserl, *Méditations cartésiennes*, 1931.

Pour Husserl et la phénoménologie, la conscience ne se définit pas par son intériorité, mais par son rapport au monde. Aussi la conscience ne vise-t-elle que des objets extérieurs à elle, dans un mouvement actif de sélection, de choix, d'*intention.* ◆

8 **« Cette nécessité pour la conscience d'exister comme conscience d'autre chose que soi, Husserl la nomme "intentionalité". »**

Sartre, *Situations I*, 1947.

9 **« La conscience correspond exactement à la puissance de choix dont l'être vivant dispose ; elle est coextensive à la frange d'action possible qui entoure l'action réelle : conscience est synonyme d'invention et de liberté. »**

Bergson, *L'Évolution créatrice*, 1907.

Le cogito

10 **« Car nous sommes, et nous connaissons que nous sommes, et nous aimons notre être et notre connaissance. Et nous sommes assurés de la vérité de ces trois choses. »**

Saint Augustin, *La Cité de Dieu*, 413-424.

11 **« Remarquant que cette vérité : *Je pense, donc je suis*, était si ferme et si assurée que toutes les plus extravagantes suppositions des sceptiques n'étaient pas capables de l'ébranler, je jugeai que je pouvais la recevoir sans scrupule pour le premier principe de la philosophie. »**

Descartes, *Discours de la méthode*, 1637.

12 **« Dire : *je pense, donc je suis*, ce n'est pas prouver proprement l'existence par la pensée, puisque penser et être pensant est la même chose ; et dire : *je suis pensant*, est déjà dire : *je suis*. »**

Leibniz, *Nouveaux Essais sur l'entendement humain*, 1765 (posth.)

13 **« Il faut conclure, et tenir pour constant que cette proposition : *Je suis, j'existe*, est nécessairement vraie, toutes les fois que je la prononce, ou que je la conçois en mon esprit. »**

Descartes, *Méditations métaphysiques*, 1641.

La première formulation du cogito (« Je pense, donc je suis ») est trompeuse. Elle pourrait laisser croire que le « Je suis » est la conséquence logique du « Je pense ». Or, pour Descartes, cette vérité est antérieure aux règles logiques de l'implication. Dans la mesure où je suis en train de penser, il est absolument évident que, dans le moment même où je pense, je suis. ◆

14 **« Quelque chose pense, mais que ce quelque chose soit justement l'antique et fameux "je", voilà [...] une simple hypothèse, une assertion, et en tout cas pas une "certitude immédiate". »**

Nietzsche, *Par-delà le bien et le mal*, 1886.

Nietzsche remet ici en question l'évidence absolue du cogito. Que quelque chose, en moi, pense ne signifie pas que je sois la cause et l'origine de cette pensée. Ne dit-on pas quelquefois qu'« il nous vient une pensée à l'esprit », ou encore qu'« une idée nous a traversé l'esprit » ? Ces expressions tendent à prouver que c'est peut-être à tort que Descartes attribue la pensée au sujet « je ». ◆

▶ Moi et le monde

15 **« Je suis une chose qui pense, [...] qui imagine aussi, et qui sent ; [...] quoique les choses que je sens et que j'imagine ne soient peut-être rien du tout hors de moi "et en elles-mêmes". »**

Descartes, *Méditations métaphysiques*, 1641.

16 **« Le solipsiste est un fou enfermé dans un blockaus imprenable. »**

Schopenhauer, *Le Monde comme volonté et comme représentation*, 1818.

Le solipsisme est la forme extrême de l'idéalisme métaphysique : le sujet ne reconnaît que sa propre existence, car c'est la seule dont il ait une conscience directe. Cette doctrine, souligne Schopenhauer, est aussi folle qu'irréfutable. ◆

17 **« La conscience simple, mais empiriquement déterminée, de ma propre existence, prouve l'existence des objets dans l'espace et hors de moi. »**

Kant, *Critique de la raison pure*, 1781.

La conscience et le temps

18 **« La conscience est un trait d'union entre ce qui a été et ce qui sera, un pont jeté entre le passé et l'avenir. »**

Bergson, *L'Énergie spirituelle*, 1919.

La conscience est avant tout activité de synthèse, unification du réel. Elle rassemble d'une part les connaissances du passé en les sélectionnant et en les organisant (elle est alors mémoire) ; elle se projette d'autre part dans l'avenir, en « visant » des objets qu'elle ne connaît pas encore (elle est alors anticipation). ◆

19 **« Sans donner de la conscience une définition qui serait moins claire qu'elle, je puis la caractériser par son trait le plus apparent : conscience signifie d'abord mémoire. »**

Bergson, *L'Énergie spirituelle*, 1919.

L'idée d'inconscient

20 **« Ce n'est qu'au prix d'une prétention intenable que l'on peut exiger que tout ce qui se produit dans le domaine psychique doive aussi être connu de la conscience. »**

Freud, *Métapsychologie*, 1952 (posth.)

21 **« Il y a à tout moment une infinité de perceptions en nous, mais sans aperception et sans réflexion, […] dont nous ne nous apercevons pas. »**

Leibniz, *Nouveaux Essais sur l'entendement humain*, 1765 (posth.)

22 **« La recherche psychologique [...] se propose de montrer au *moi* qu'il n'est seulement pas maître dans sa propre maison ».**
Freud, *Introduction à la psychanalyse*, 1917.

23 **« L'homme comme tout être vivant pense sans cesse, mais ne le sait pas ; la pensée qui devient *consciente* n'en est que la plus petite partie, disons : la partie la plus médiocre et la plus superficielle. »**
Nietzsche, *Le Gai Savoir*, 1883.

24 **« L'hypothèse de l'inconscient est nécessaire [...], parce que les données de la conscience sont extrêmement lacunaires. »**
Freud, *Métapsychologie*, 1952 (posth.)

25 **« Il existe deux variétés d'inconscient : les faits psychiques latents, mais susceptibles de devenir conscients, et les faits psychiques refoulés qui, comme tels et livrés à eux-mêmes, sont incapables d'arriver à la conscience. [...] Nous réservons le nom d'*inconscients* aux faits psychiques refoulés. »**
Freud, *Essais de psychanalyse*, 1923.

Ces faits psychiques refoulés sont en effet soumis à une censure qui évacue hors de la conscience (qui « refoule ») les désirs jugés incompatibles avec les exigences morales du sujet. ◆

▶ Rêves et actes manqués

26 **« L'analyse des rêves confus et inintelligibles nous enseigne [...] qu'ils sont les réalisations voilées de désirs refoulés. »**
Freud, *Le Rêve et son interprétation*, 1901.

27 **« Le rêve est en quelque sorte la décharge psychique d'un désir en état de refoulement, puisqu'il présente ce désir comme réalisé ; et il satisfait du même coup l'autre tendance, en permettant au dormeur de poursuivre son somme. »**
Freud, *Le Rêve et son interprétation*, 1901.

28 **« L'interprétation des rêves est, en réalité, la voie royale de la connaissance de l'inconscient. »**

Freud, *Cinq Leçons sur la psychanalyse*, 1909.

29 **« Le freudisme, si fameux, est un art d'inventer en chaque homme un animal redoutable, d'après des signes tout à fait ordinaires ; les rêves sont de tels signes. »**

Alain, *Éléments de philosophie*, 1941.

30 **« C'est par [les actes manqués] que l'homme trahit le plus souvent ses secrets les plus intimes. »**

Freud, *Cinq Leçons sur la psychanalyse*, 1909.

▶ L'inconscient : mythe ou réalité ?

31 **« L'inconscient est le psychique lui-même et son essentielle réalité. »**

Freud, *L'Interprétation des rêves*, 1899.

32 **« Longtemps on a considéré la pensée consciente comme la pensée par excellence : maintenant seulement nous commençons à entrevoir la vérité, c'est-à-dire que la plus grande partie de notre activité intellectuelle s'effectue d'une façon inconsciente. »**

Nietzsche, *Le Gai Savoir*, 1883.

33 **« Il faut éviter [...] de croire que l'inconscient est un autre Moi ; un Moi qui a ses préjugés, ses passions et ses ruses ; une sorte de mauvais ange, diabolique conseiller. Contre quoi il faut comprendre qu'il n'y a point de pensées en nous sinon par l'unique sujet, Je ; cette remarque est d'ordre moral. »**

Alain, *Éléments de philosophie*, 1941.

34 **« L'inconscient est une méprise sur le Moi, c'est une idolâtrie du corps. »**

Alain, *Éléments de philosophie*, 1941.

35 **« La conscience est conscience de part en part. Elle ne saurait donc être limitée que par elle-même. »**

Sartre, *L'Être et le Néant*, 1943.

36 **« L'inconscient est ce chapitre de mon histoire qui est marqué par un blanc ou occupé par un mensonge : c'est le chapitre censuré. Mais la vérité peut être retrouvée. »**

Lacan, *Écrits I*, 1966.

2. LE DÉSIR

Instinct, besoin, désir

37 **« On entend généralement par instinct une activité qui réalise des fins sans les prévoir, grâce à une coordination d'actes qui n'est pas le résultat de l'éducation. »**

William James, *Principes de psychologie*, 1890.

38 **« Le besoin est un affect en ce qu'il est tout entier une indigence qui par son élan tend vers ce qui le comblera. »**

Paul Ricœur, *Philosophie de la volonté I*, 1950.

39 **« Le désir est l'appétit de l'agréable »**

Aristote, *De l'âme*, IVe s. av. J.-C.

40 **« Entre l'appétit et le désir, il n'y a aucune différence, sinon que le désir se rapporte généralement aux hommes en tant qu'ils sont conscients de leur appétit, et c'est pourquoi il peut être ainsi défini : le désir est l'appétit accompagné de la conscience de lui-même. »**

Spinoza, *Éthique*, 1677 (posth.)

41 **« La conquête du superflu donne une excitation spirituelle plus grande que la conquête du nécessaire. L'homme est une création du désir, non pas une création du besoin. »**

Bachelard, *La Psychanalyse du feu*, 1938.

42 **Figaro : « Boire sans soif et faire l'amour en tout temps, Madame. Il n'y a que ça qui nous distingue des autres bêtes. »**

Beaumarchais, *Le Mariage de Figaro*, 1784.

▶ Le désir, essence de l'homme

43 **« L'appétit n'est rien d'autre que l'essence même de l'homme. »**

Spinoza, *Éthique*, 1677 (posth.)

L'appétit est l'un des affects primitifs de l'homme ; conçu comme désir d'autoconservation (effort de l'homme pour « persévérer dans son être »), il est constitutif de son essence.

44 **« Il n'y a qu'un seul principe moteur : la faculté désirante. »**

Aristote, *De l'âme*, IVe s. av. J.-C.

45 **« Il faut savoir qu'il y a dans chacun de nous deux principes qui nous gouvernent et nous dirigent [...] : l'un est le désir inné du plaisir, l'autre l'idée acquise qu'il faut rechercher le bien. »**

Platon, *Phèdre*, IVe s. av. J.-C.

▶ Dominer ses désirs

46 **« Pendant le sommeil, [...] la partie bestiale et sauvage [de notre âme] ne craint pas d'essayer, en imagination, de s'unir à sa mère, ou à qui que ce soit, homme, dieu ou bête, de se souiller de n'importe quel meurtre [...] ; en un mot, il n'est point de folie, point d'impudence dont elle ne soit capable. »**

Platon, *La République*, IVe s. av. J.-C.

Notre âme contient des désirs monstrueux, lesquels s'éveillent précisément quand la « partie de l'âme qui est raisonnable » s'assoupit et s'endort.

47 **« Si le petit sauvage était abandonné à lui-même, [...] il tordrait le cou à son père et coucherait avec sa mère. »**

Diderot, *Le Neveu de Rameau*, 1762.

48 **« Ma [...] maxime était de tâcher toujours plutôt à me vaincre que la fortune, et à changer mes désirs que l'ordre du monde. »**

Descartes, *Discours de la méthode*, 1637.

Cette maxime, empruntée à la morale stoïcienne, nous invite à maîtriser nos désirs, en ne les faisant porter que sur les choses qui dépendent de nous. Celui qui désire modifier le cours des événements (la fortune) ou bien changer l'ordre du monde échouera certainement, et en sera malheureux. Le bonheur appartient à celui qui parvient à ne désirer que ce qu'il peut effectivement obtenir. ◆

49 **« Parce que la plupart de nos désirs s'étendent à des choses qui ne dépendent pas toutes de nous ni toutes d'autrui, nous devons exactement distinguer en elles ce qui ne dépend que de nous, afin de n'étendre notre désir qu'à cela seul. »**

Descartes, *Les Passions de l'âme*, 1649.

50 **« Ce n'est pas par la satisfaction des désirs que s'obtient la liberté, mais par la destruction du désir. »**

Épictète, *Entretiens*, vers 130 apr. J.-C.

▶ Le désir comme manque

51 **« Ce qu'on n'a pas, ce qu'on n'est pas, ce dont on manque, voilà les objets du désir et de l'amour. »**

Platon, *Le Banquet*, IVe s. av. J.-C.

52 **« L'*inquiétude* [...] qu'un homme ressent en lui-même par l'absence d'une chose qui lui donnerait du plaisir si elle était présente, c'est ce qu'on nomme *désir*. »**

Leibniz, *Nouveaux Essais sur l'entendement humain*, 1765 (posth.)

Le désir correspond à un état de tension, qui ne cesse qu'avec la possession de l'objet désiré. Or, qui dit tension dit agitation, trouble, absence de repos. C'est précisément ainsi que se définit l'inquiétude (ou la non-quiétude). ◆

53 **« Le désir est manque d'être, il est hanté en son être le plus intime par l'être dont il est désir. »**

Sartre, *L'Être et le Néant*, 1943.

54 **« Le désir fleurit, la possession flétrit toutes les choses. »**

Proust, *Les Plaisirs et les Jours*, 1896.

Tant qu'on désire, on « embellit » l'être désiré, en lui prêtant des qualités qu'éventuellement il n'a pas ; dès qu'on s'installe dans la possession, on « enlaidit » au contraire l'être qu'on a jadis désiré, jusqu'à ne plus voir ce qu'il y a de beau en lui. ◆

55 **« Le bien que nous n'avons pu atteindre encore nous paraît supérieur à tout le reste ; à peine est-il à nous, c'est pour en désirer un nouveau et c'est ainsi que la même soif de la vie nous tient en haleine jusqu'au bout. »**

Lucrèce, *De la Nature*, Ier s. av. J.-C.

56 **« Pour trouver des charmes dans la jouissance, il faut que le désir soit irrité par des obstacles [...]. Jouir sans interruption, c'est ne jouir de rien. »**

Holbach (d'), *Le Système de la nature*, 1770.

▶ Le désir « triangulaire »

57 **« C'est toujours par autrui que passe mon désir, et que mon désir reçoit un objet. Je ne désire rien qui ne soit vu, pensé, possédé par un autrui possible. »**

Gilles Deleuze, *Logique du sens*, 1969.

58 **« Le désir est essentiellement *mimétique*, il se calque sur un désir modèle ; il élit le même objet que ce modèle. »**

René Girard, *La Violence et le Sacré*, 1972.

Pour Girard comme pour Deleuze, nous sommes incapables de désirer par nous-mêmes. C'est toujours l'autre, le « médiateur », qui nous désigne les objets à désirer et qui nous inspire l'envie de les posséder. C'est là la réalité du « désir mimétique » : nous ne pouvons désirer que des objets déjà désirés par d'autres.

59 **« Le secret de la réussite, en affaires comme en amour, est la dissimulation. Il faut dissimuler le désir qu'on éprouve, il faut simuler le désir qu'on n'éprouve pas. »**

René Girard, *Mensonge romantique et vérité romanesque*, 1961.

Dissimuler le désir que nous éprouvons, afin de ne pas attirer l'attention (et donc le désir) d'autrui sur l'objet que nous convoitons réellement ; simuler le désir que nous n'éprouvons pas, afin d'amener autrui à surenchérir pour l'obtention d'un autre objet, que nous lui abandonnerons d'autant plus volontiers qu'il ne nous intéresse guère.

▶ Le désir de connaître

60 **« La science compte parmi les plus belles choses ; or l'Amour est l'amour des belles choses ; il est donc nécessaire que l'Amour soit philosophe. »**

Platon, *Le Banquet*, IVe s. av. J.-C.

A l'origine de l'interrogation philosophique, on trouve l'amour du savoir, que n'éprouvent que ceux qui sont conscients de leur propre ignorance. Ainsi, ni les dieux ni les ignorants ne philosophent. Les premiers parce que, possédant déjà le savoir absolu, ils ne désirent pas le posséder ; les seconds parce que, totalement dépourvus de savoir, ils pensent en être « suffisamment pourvus ». Seul l'Amour (Aphrodite) philosophe, qui « tient le milieu entre la science et l'ignorance ».

61 **« Tous les hommes désirent naturellement savoir. »**

Aristote, *La Métaphysique*, IVe s. av. J.-C.

3. LES PASSIONS

► Ce qui est subi est passion

62 **« On peut généralement nommer passions toutes les pensées qui sont [...] excitées en l'âme sans le secours de sa volonté. »**

Descartes, *Lettre à Élisabeth*, 6 oct. 1645.

63 **« Tout ce qui n'est point action est passion. »**

Descartes, *Lettre à Élisabeth*, 6 oct. 1645.

64 **« Tout homme qui se réfugie derrière l'excuse de ses passions, tout homme qui invente un déterminisme est un homme de mauvaise foi. »**

Sartre, *L'existentialisme est un humanisme*, 1946.

Pour Sartre, nous sommes tous et à tout moment responsables de nos actes. Celui qui prétend agir sous l'emprise de ses passions et qui refuse d'assumer la paternité de ses choix se ment à lui-même : il est « de mauvaise foi ».

► Raison et passions

65 **« La passion [...] est un ébranlement de l'âme opposé à la droite raison et contre nature. »**

Zénon de Cittium (IV-IIIe s. av. J.-C.),
cité par Cicéron in *Tusculanes*.

66 **« Suivant la définition des stoïciens, la sagesse consiste à prendre la raison pour guide ; la folie, au contraire, à obéir à ses passions ; mais pour que la vie des homme ne soit pas tout à fait triste et maussade, Jupiter leur a donné bien plus de passions que de raison. »**

Érasme, *Éloge de la folie*, 1511.

67 **« L'inclination que la raison du sujet ne peut pas maîtriser ou n'y parvient qu'avec peine est la passion. »**

Kant, *Anthropologie du point de vue pragmatique*, 1798.

68 **« C'est seulement dans la mesure où les hommes vivent sous la conduite de la Raison qu'ils s'accordent toujours nécessairement en nature. »**

Spinoza, *Éthique*, 1677 (posth.)

Tant que les hommes sont soumis à leurs passions (l'amour, l'envie, la haine…), ils ne peuvent vivre en paix les uns avec les autres. Seule la raison leur fait rechercher le bien commun : leur nature (qui pousse chacun vers ce qu'il juge le plus profitable) s'accorde alors nécessairement. ◆

69 **« La raison est, et elle ne peut qu'être l'esclave des passions ; elle ne peut prétendre à d'autres rôles qu'à les servir et à leur obéir. »**

Hume, *Traité de la nature humaine*, 1740.

▶ A l'origine des passions : les « esprits animaux »

70 **« On peut généralement définir [les passions comme] des perceptions, ou des sentiments, ou des émotions de l'âme, qu'on rapporte particulièrement à elle, et qui sont causées, entretenues et fortifiées par quelque mouvement des esprits. »**

Descartes, *Les Passions de l'âme*, 1649.

Les passions illustrent à merveille les interactions entre l'âme et le corps. Elles résultent en effet, selon Descartes, de l'influence sur l'âme des « esprits animaux », lesquels sont composés des parties les plus subtiles et les plus agitées du sang. Ces « esprits », qui sont de nature entièrement corporelle, agissent sur l'âme, alors en proie aux passions. ◆

71 **« J'appelle ici *passions* toutes les émotions que l'âme ressent naturellement à l'occasion des mouvements extraordinaires des esprits animaux. »**

Malebranche, *De la recherche de la vérité*, 1674-1675.

Les passions, maladies de l'âme

72 **« Comme on parle des infirmités du corps, la goutte, le rhumatisme, il y a ainsi dans l'âme l'amour de la gloire, le goût du plaisir et choses semblables. »**

Diogène Laërce, *Vies et opinions des philosophes*, IIIe s. apr. J.-C.

73 **« Les passions sont comme la peste et le typhus. Cessez de les combattre, elles reviennent. »**

Alain, *Propos* du 21 juin 1930.

74 **« Si l'émotion est une ivresse, la passion est une maladie, qui exècre toute médication, et qui par là est bien pire que tous les mouvements passagers de l'âme. »**

Kant, *Anthropologie du point de vue pragmatique*, 1798.

Valeur de la passion

75 **« Les passions sont toutes bonnes de leur nature et nous n'avons rien à éviter que leurs mauvais usages ou leurs excès. »**

Descartes, *Les Passions de l'âme*, 1649.

76 **« Quoi qu'en disent les moralistes, l'entendement humain doit beaucoup aux passions, qui, d'un commun aveu, lui doivent beaucoup aussi. C'est par leur activité que notre raison se perfectionne ; nous ne cherchons à connaître que parce que nous désirons de jouir. »**

Rousseau, *Sur l'origine de l'inégalité*, 1755.

77 **« Rien ne s'est fait sans être soutenu par l'intérêt de ceux qui y ont collaboré. Cet intérêt, nous l'appelons passion lorsque, refoulant tous les autres intérêts ou buts, l'individualité tout entière se projette sur un objectif avec toutes les fibres intérieures de son vouloir. »**

Hegel, *La Raison dans l'histoire*, 1837 (posth.)

78 **« Rien de grand ne s'est accompli dans le monde sans passion. »**

Hegel, *La Raison dans l'histoire*, 1837 (posth.)

Pour Hegel, la passion conduit les hommes et fait l'histoire. La passion est même magnifiée puisque, par elle, l'intérêt individuel sert, sans en avoir nécessairement conscience, l'intérêt collectif. ◆

▶ Passion et maîtrise de soi

79 **« L'homme est plus capable de vaincre les obstacles naturels que de se maîtriser lui-même. Dans le premier cas, il procède avec calme et patience, dans l'autre il subit l'entraînement des passions. »**

Cournot, *Revue sommaire des doctrines économiques*, 1877.

80 **« En réalité, être captif de son plaisir et incapable de rien voir ni faire qui nous soit vraiment utile, c'est le pire esclavage, et la liberté n'est qu'à celui qui de son entier consentement vit sous la seule conduite de la Raison. »**

Spinoza, *Traité théologico-politique*, 1670.

81 **« Comme jaloux, je souffre quatre fois : parce que je suis jaloux, parce que je me reproche de l'être, parce que je crains que ma jalousie ne blesse l'autre, parce que je me laisse assujettir à une banalité : je souffre d'être exclu, d'être agressif, d'être fou et d'être commun. »**

Barthes, *Fragments d'un discours amoureux*, 1977.

82 **« Une affection, qui est une passion, cesse d'être une passion sitôt que nous nous en formons une idée claire et distincte. »**

Spinoza, *Éthique*, 1677.

4. LE CORPS

► L'âme et le corps

83 **« Ce moi, c'est-à-dire l'âme, par laquelle je suis ce que je suis, est entièrement distincte du corps, et même qu'elle est plus aisée à connaître que lui, et qu'encore qu'il ne fût point, elle ne laisserait pas d'être tout ce qu'elle est. »**

Descartes, *Discours de la méthode*, 1637.

Par « distincte », il ne faut pas comprendre « disjointe », mais plutôt « d'une nature radicalement différente ».

84 **« Pour nous en tenir à l'être vivant, rappelons d'abord qu'il est composé d'une âme et d'un corps, et que de ces deux facteurs le premier est par nature celui qui commande, et l'autre celui qui est commandé. »**

Aristote, *La Politique*, IVe s. av. J.-C.

85 **« Les amis de la science savent que, quand la philosophie a pris la direction de leur âme, celle-ci était véritablement enchaînée et soudée à leur corps et forcée de considérer les réalités au travers des corps comme au travers des barreaux d'un cachot. »**

Platon, *Phédon*, IVe s. av. J.-C.

86 **« La nature m'enseigne [...] par ces sentiments de douleur, de faim, de soif, etc., que je ne suis pas seulement logé dans mon corps, ainsi qu'un pilote en son navire, mais, outre cela, que je lui suis conjoint très étroitement et tellement confondu et mêlé, que je compose comme un seul tout avec lui. »**

Descartes, *Méditations métaphysiques*, 1641.

87 **« Notre corps est [...] l'enveloppe de l'âme, qui, de son côté, en est la gardienne et la protectrice. »**

Lucrèce, *De la Nature*, Ier s. av. J.-C.

88 **« L'âme ne raisonne jamais mieux que quand [...] elle s'isole le plus complètement en elle-même, en envoyant promener le corps et qu'elle rompt, autant qu'elle peut, tout commerce et tout contact avec lui pour essayer de saisir le réel. »**

Platon, *Phédon*, IVe s. av. J.-C.

▶ Corps physique et corps vivant

89 **« Il y a une certaine substance étendue en longueur, largeur et profondeur, qui existe à présent dans le monde avec toutes les propriétés que nous connaissons manifestement lui appartenir. Et cette substance étendue est ce qu'on nomme proprement le corps, ou la substance des choses matérielles. »**

Descartes, *Principes de la philosophie*, 1644.

La matière se ramène pour Descartes à *l'étendue*, c'est-à-dire à la propriété que possède tout corps physique d'être situé dans l'espace et d'en occuper une certaine portion. ◆

90 **« Je me considérais, premièrement, comme ayant un visage, des mains, des bras, et toute cette machine composée d'os et de chair, telle qu'elle paraît en un cadavre, laquelle je désignais par le nom de corps. »**

Descartes, *Méditations métaphysiques*, 1641.

▶ Ai-je un corps ? Suis-je mon corps ?

91 **« Le corps ne nous appartient pas. Tant qu'il dure, nous devons nous en servir comme d'une chose qui nous a été confiée et dont nous sommes responsables. »**

Gandhi, *Lettres à l'Ashram*, 1930.

92 **« Je ne suis pas devant mon corps, je suis dans mon corps, ou plutôt je suis mon corps. »**

Merleau-Ponty, *Phénoménologie de la perception*, 1945.

Dire que j'*ai* un corps, c'est poser mon corps comme un objet extérieur à moi, dont je pourrais éventuellement me passer. Mais dans l'expérience de la sexualité, de la fatigue ou de la douleur, je m'aperçois que je ne peux prendre mes distances vis-à-vis de mon propre corps, je ne fais qu'un avec lui ; je suis mon corps. ◆

▶ Le corps propre

93 **« Notre corps est un être à deux feuillets, d'un côté chose parmi les choses et, par ailleurs, celui qui les voit et les touche. »**

Merleau-Ponty, *Le Visible et l'Invisible*, 1964.

Notre corps a en effet pour nous un étrange statut : il est une chose, en tant qu'il s'offre à notre vue et à notre toucher comme toutes les autres choses, et il est étranger au monde des choses, en tant que c'est lui qui perçoit toutes les choses et nous les fait connaître. ◆

94 **« La notion essentielle pour [la] philosophie est celle de la chair, qui n'est pas le corps objectif, qui n'est pas non plus le corps pensé par l'âme (Descartes) comme sien, qui est le sensible au double sens de ce qu'on sent et ce qui sent. »**

Merleau-Ponty, *Le Visible et l'Invisible*, 1964.

95 **« Les choses existent pour moi dans la mesure où je les regarde comme des prolongements de mon corps. »**

Gabriel Marcel, *Journal métaphysique*, 1927.

▶ La douleur

96 **« Voici [...] la vérité sainte sur la douleur : la naissance est douleur, la vieillesse est douleur, la maladie est douleur, la mort est douleur, l'union avec ce que l'on n'aime pas est douleur, la séparation d'avec ce qu'on aime est douleur... »**

Bouddha, *Sermon de Bénarès*, VIe-Ve s. av. J.-C.

97 **« La suppression de la douleur [...] s'obtient par l'anéantissement complet du désir, en bannissant le désir, en y renonçant, en s'en délivrant, en ne lui laissant pas de place. »**
Bouddha, *Sermon de Bénarès*, VIe-Ve s. av. J.-C.

Pour les bouddhistes, tout, en cette vie terrestre, est douleur : naissance, maladie, vieillesse, mort… Et ce qui est à l'origine de cette douleur, c'est notre inextinguible soif de plaisir et d'existence, c'est notre attachement aux autres et aux biens matériels. D'où l'enseignement du Bouddha : pour cesser de souffrir, il faut cesser de désirer. ◆

98 **« La grande douleur seule est l'ultime libératrice de l'esprit ; c'est elle qui enseigne le grand soupçon, qui fait de chaque U un X, un X vrai et véritable, c'est-à-dire l'avant-dernière lettre avant la dernière… »**
Nietzsche, *Le Gai Savoir*, 1883.

▶ Matérialisme et spiritualisme

99 **« Ce n'est pas la conscience qui détermine la vie, mais la vie qui détermine la conscience. »**
Marx et Engels, *L'Idéologie allemande*, 1932 (posth.)

C'est là l'affirmation centrale du matérialisme historique. Elle signifie qu'à chaque époque, c'est la manière dont les hommes vivent (et dont ils produisent leurs moyens d'existence) qui détermine leur façon de penser (leur morale, leur religion, leur idéologie, etc.), et non l'inverse. ◆

100 **« De tous les corps ensemble, on ne saurait en faire réussir une petite pensée : cela est impossible, et d'un autre ordre. »**
Pascal, *Pensées*, 1670 (posth.)

101 **Le matérialisme : « Une disposition à expliquer toujours le supérieur par l'inférieur. »**
Alain, *Définitions*, 1953 (posth.)

102 **Le spiritualisme : « C'est un dogmatisme opposé au matérialisme et d'après lequel l'homme n'est pas seulement un corps, mais une conscience libre, et en ce sens immortelle. »**

Alain, *Définitions*, 1953 (posth.)

5. L'ILLUSION

▶ Origines de l'illusion

103 **« L'homme n'est qu'un sujet plein d'erreur [...]. Ces deux principes de vérités, la raison et les sens, outre qu'ils manquent chacun de sincérité, s'abusent réciproquement l'un l'autre. »**

Pascal, *Pensées*, 1670 (posth.)

104 **« Souffrance et impuissance – voilà ce qui créa tous les arrière-mondes. »**

Nietzsche, *Ainsi parlait Zarathoustra*, 1883-1885.

105 **« Une illusion n'est pas la même chose qu'une erreur, une illusion n'est pas non plus nécessairement une erreur. [...] Ce qui caractérise l'illusion, c'est d'être dérivée des désirs humains. »**

Freud, *L'Avenir d'une illusion*, 1927.

106 **« Notre propre intérêt est [...] un merveilleux instrument pour nous crever les yeux agréablement. »**

Pascal, *Pensées*, 1670 (posth.)

▶ Et si la vie n'était qu'un songe ?

107 **« Combien de fois m'est-il arrivé de songer, la nuit, que j'étais en ce lieu, que j'étais habillé, que j'étais auprès du feu, quoique je fusse tout nu dedans mon lit ? »**

Descartes, *Méditations métaphysiques*, 1641.

108 **« La moitié de la vie se passant en sommeil, par notre propre aveu, où, quoi qu'il nous en paraisse, nous n'avons aucune**

idée du vrai, tous nos sentiments étant alors des illusions, qui sait si cette autre moitié de la vie où nous pensons veiller n'est pas un autre sommeil un peu différent du premier dont nous nous éveillons quand nous pensons dormir ? »

Pascal, *Pensées*, 1670 (posth.)

109 **« Je ne sais si ce que j'appelle veiller n'est peut-être pas une partie un peu plus excitée d'un sommeil profond ; et si je vois des choses réelles, ou si je suis seulement troublé par des fantaisies et par de vains simulacres. »**

Bossuet, *Sermon sur la mort*, 1662.

110 **« Si un artisan était sûr de rêver toutes les nuits, douze heures durant, qu'il est roi, je crois qu'il serait presque aussi heureux qu'un roi qui rêverait toutes les nuits, douze heures durant, qu'il serait artisan. »**

Pascal, *Pensées*, 1670 (posth.)

▶ Les illusions de la raison

111 **« Quand, en usant des principes de l'entendement, nous ne nous bornons pas à appliquer notre raison à des objets de l'expérience, mais que nous essayons d'étendre ces principes au-delà des limites de cette dernière, il se produit des propositions *sophistiques*, qui n'ont à attendre de l'expérience ni confirmation, ni contradiction. »**

Kant, *Critique de la raison pure*, 1781.

Il s'agit des *antinomies* de la raison pure ; elles se présentent sous la forme d'un couple d'affirmations contradictoires (« Le monde a un commencement dans le temps » et « Le monde est infini dans le temps », par exemple) qui sont fondées l'une et l'autre « sur des raisons tout aussi valables et aussi nécessaires », de telle sorte qu'on ne peut trancher en faveur ni de l'une ni de l'autre. ◆

112 **« La colombe légère, lorsque, dans son libre vol, elle fend l'air dont elle sent la résistance, pourrait s'imaginer qu'elle réussirait bien mieux encore dans le vide. »**

Kant, *Critique de la raison pure*, 1781.

113 **« Nul homme ne saurait, par de simples idées, devenir plus riche de connaissances, pas plus qu'un marchand ne le deviendrait en argent, si, pour augmenter sa fortune, il ajoutait quelques zéros à l'état de sa caisse. »**

Kant, *Critique de la raison pure*, 1781.

Kant réfute ainsi la preuve ontologique de l'existence de Dieu. En effet, la raison interdit qu'on ajoute l'existence au concept d'un objet situé hors du champ de l'expérience. ◆

▶ L'erreur et l'illusion

114 **« Est *illusion* le leurre qui subsiste, même quand on sait que l'objet supposé n'existe pas. »**

Kant, *Anthropologie du point de vue pragmatique*, 1798.

115 **« L'opinion d'Aristote, d'après laquelle la vermine serait engendrée par l'ordure – opinion qui est encore celle du peuple ignorant – était une erreur (...), alors que c'était une illusion de la part de Christophe Colomb, quand il croyait avoir trouvé une nouvelle route maritime des Indes. La part de désir que comportait cette erreur est manifeste. »**

Freud, *L'Avenir d'une illusion*, 1927.

116 **« Les illusions diffèrent des erreurs en ce que le jugement y est implicite, au point que c'est l'apparence même des choses qui nous semble changée. »**

Alain, *Éléments de philosophie*, 1941.

117 **« L'homme est ainsi fait : dès lors qu'il a besoin d'un article de foi, dût-on le lui avoir réfuté de mille manières, il ne cessera pas de le tenir pour "vrai" ».**

Nietzsche, *Le Gai Savoir*, 1883.

118 **« Ceux qui aiment la vérité par-dessus tout, ceux que je vois prêts à souffrir et à mourir pour elle, sont aussi ceux qui vont se coller à l'erreur comme les mouches à la vitre. »**

Alain, *Propos* du 20 novembre 1934.

▶ L'illusion vitale

119 **« La vie a besoin d'illusions, c'est-à-dire de non-vérités tenues pour des vérités. »**

Nietzsche, *Le Livre du philosophe*, 1904 (posth.)

120 **« Il nous faut aimer et soigner l'erreur, elle est la matrice de la connaissance. L'art au service de l'illusion, voilà notre culte. »**

Nietzsche, *La Volonté de puissance*, 1901 (posth.)

121 **« Les hommes n'ayant pu guérir la mort, la misère, l'ignorance, ils se sont avisés, pour se rendre heureux, de n'y point penser. »**

Pascal, *Pensées*, 1670 (posth.)

122 **« Le peuple ne supporterait pas longtemps son prince, le valet son maître, la suivante sa maîtresse, l'écolier son précepteur, l'ami son ami, la femme son mari, l'employé son patron, le camarade son camarade, l'hôte son hôte, s'ils ne se maintenaient l'un l'autre dans l'illusion, s'il n'y avait entre eux tromperie réciproque, flatterie, prudente connivence. »**

Érasme, *Éloge de la folie*, 1511.

123 **« Le roi est environné de gens qui ne pensent qu'à divertir le roi, et à l'empêcher de penser à lui. Car il est malheureux, tout roi qu'il est, s'il y pense. »**

Pascal, *Pensées*, 1670 (posth.)

6. AUTRUI

▶ L'intersubjectivité primordiale

124 **« L'autre est indispensable à mon existence, aussi bien d'ailleurs qu'à la connaissance que j'ai de moi. »**

Sartre, *L'existentialisme est un humanisme*, 1946.

125 **« Quand on se plaint de la méchanceté d'autrui, on oublie cette autre méchanceté plus redoutable encore, celle qu'auraient les choses s'il n'y avait pas d'autrui. »**

Gilles Deleuze, *Logique du sens*, 1969.

126 **« Vivre ensemble et mettre en commun discussions et pensées : c'est en ce sens-là, semble-t-il, qu'on doit parler de vie en société quand il s'agit des hommes, et il n'en est pas pour eux comme pour les bestiaux où elle consiste seulement à paître dans le même lieu. »**

Aristote, *Éthique à Nicomaque*, IVe s. av. J.-C.

127 **« Penserions-nous beaucoup et penserions-nous bien si nous ne pensions pas pour ainsi dire en commun avec d'autres qui nous font part de leurs pensées et auxquels nous communiquons les nôtres ? »**

Kant, *Qu'est-ce que s'orienter dans la pensée?*, 1786.

128 **« Tout homme fut enveloppé d'abord dans le tissu humain, et aussitôt après dans les bras humains ; il n'y a point d'expérience qui précède cette expérience de l'humain ; tel est son premier monde. »**

Alain, *Éléments de philosophie*, 1941.

Quand un enfant « vient au monde », ce monde n'est pas un monde de choses, mais un monde humain, c'est-à-dire un monde qui porte déjà l'empreinte de l'homme, un monde où tout est déjà signe, symbole, message. ◆

▶ L'autre : mon semblable ?

129 **« Personne n'est mon semblable, ma chair n'est pas leur chair, ni ma pensée leur pensée. »**

Max Stirner, *L'Unique et sa propriété*, 1845.

C'est sur le constat du caractère unique de chaque individu que repose l'individualisme agressif de Stirner. Nul ne peut partager mes pensées, mes joies, mes souffrances ; l'autre est d'abord celui qui n'est pas moi, celui qui demeure irréductiblement étranger à moi-même. ◆

130 **« Autrui, […] c'est l'*autre*, c'est-à-dire le moi *qui n'est pas moi.* »**

Sartre, *L'Être et le Néant*, 1943.

131 **« Autrui, en tant qu'autrui, n'est pas seulement un *alter ego*. Il est ce que moi je ne suis pas : il est le faible alors que moi je suis le fort ; il est le pauvre, il est "la veuve et l'orphelin". »**

Levinas, *De l'existence à l'existant*, 1947.

▶ L'amour de l'autre, l'amour du prochain

132 **« L'Amour […] n'est autre chose qu'une Joie qu'accompagne l'idée d'une cause extérieure. »**

Spinoza, *Éthique*, 1677 (posth.)

133 **« Je n'existe que dans la mesure où j'existe pour autrui, et, à la limite : être, c'est aimer. »**

Emmanuel Mounier, *Le Personnalisme*, 1949.

134 **« Celui qui aime quelqu'un à cause de sa beauté l'aime-t-il ? Non, car la petite vérole qui tuera la beauté sans tuer la personne fera qu'il ne l'aimera plus. Et si on m'aime pour mon**

jugement, pour ma mémoire, m'aime-t-on moi ? Non, car je puis perdre ces qualités sans me perdre moi-même [...]. On n'aime personne que pour des qualités empruntées. »

Pascal, *Pensées*, 1670 (posth.)

135 **« Je pourrais posséder toute la connaissance et comprendre tous les secrets, je pourrais avoir toute la foi nécessaire pour déplacer des montagnes, mais si je n'ai pas d'amour, je ne suis rien. »**

Saint Paul, *Première Épître aux Corinthiens*, Ier s. apr. J.-C.

136 **La charité : « C'est la foi quand elle a pour objet le semblable. Et la charité ne se laisse pas défaire par les preuves contraires ; c'est pourquoi elle honore l'humanité dans le fou, l'idiot, le criminel, le malheureux. »**

Alain, *Définitions*, 1953 (posth.)

137 **« Qui est appelé à vivre parmi les hommes ne doit repousser d'une manière absolue aucune individualité, du moment qu'elle est déjà déterminée et donnée par la nature, l'individualité fût-elle la plus méchante, la plus pitoyable ou la plus ridicule. »**

Schopenhauer, *Aphorismes sur la sagesse dans la vie*, 1851.

▶ L'amitié

138 **« L'*amitié* (considérée dans sa perfection) est l'union de deux personnes liées par un amour et un respect égaux et réciproques. »**

Kant, *Doctrine de la vertu*, 1797.

139 **« Si on me presse de dire pourquoi je l'aimais, je sens que cela ne se peut exprimer, qu'en répondant : "Parce que c'était lui ; parce que c'était moi." »**

Montaigne, *Essais*, 1580-1588.

Montaigne célèbre ici l'extraordinaire amitié qui le liait à La Boétie. Amitié douce et sincère pour un ami librement choisi, amitié constante, que n'est venue troubler aucune dispute ; amitié par le moyen de laquelle leurs âmes se tiennent unies, « se mêlent » et se confondent. L'ami est bel et bien l'alter ego, « l'autre moi ». ◆

140 **« Avec ton ami, tu dois aborder tous les sujets. Mais le premier sujet de tes réflexions, ce doit être ton ami lui-même. »**

Sénèque, *Lettres à Lucilius*, Ier s. apr. J.-C.

141 **« Si tous les hommes savaient ce qu'ils disent les uns des autres, il n'y aurait pas quatre amis dans le monde. »**

Pascal, *Pensées*, 1670 (posth.)

▶ La pitié, la sympathie

142 **« La pitié est une espèce de tristesse mêlée d'amour ou de bonne volonté envers ceux à qui nous voyons souffrir quelque mal duquel nous les estimons indignes. »**

Descartes, *Les Passions de l'âme*, 1649.

143 **« Il est doux, quand la vaste mer est soulevée par les vents, d'assister du rivage à la détresse d'autrui ; non qu'on trouve si grand plaisir à regarder souffrir ; mais on se plaît à voir quels maux vous épargnent. »**

Lucrèce, *De la Nature*, Ier s. av. J.-C.

144 **« La pitié est un sentiment naturel qui, modérant dans chaque individu l'activité de l'amour de soi-même, concourt à la conservation mutuelle de toute l'espèce. »**

Rousseau, *Sur l'origine de l'inégalité*, 1755.

145 **« C'est très mal décrire la pitié si l'on dit que celui qui l'éprouve pense à lui-même et se voit à la place de l'autre. Cette réflexion, quand elle vient, ne vient qu'après la pitié. »**

Alain, *Propos* du 20 février 1923.

146 **« Toute sympathie implique l'*intention* de ressentir la joie ou la souffrance qu'accompagnent les faits psychiques d'autrui. »**

Max Scheler, *Nature et formes de la sympathie*, 1923.

Conformément à l'étymologie du mot, la sympathie (du grec *pathè*, « souffrance » et *sun*, « avec ») désigne l'intention de partager les états affectifs d'autrui. ◆

▶ Le conflit des consciences

147 **« Ma chute originelle c'est l'existence de l'autre. »**

Sartre, *L'Être et le Néant*, 1943.

148 **Garcin : « Pas besoin de gril, l'enfer, c'est les Autres. »**

Sartre, *Huis clos*, 1944.

149 **« Chacun se croit seul en enfer et c'est cela l'enfer. »**

René Girard, *Mensonge romantique et vérité romanesque*, 1961.

▶ Le regard d'autrui

150 **« Autrui comme autrui se révèle dans le "Tu ne commettras pas de meurtre" inscrit sur son visage. »**

Levinas, *Totalité et Infini*, 1961.

Pour Levinas, la rencontre d'autrui, vécue dans le face à face avec le visage de l'autre, constitue la relation éthique primordiale. Parce que ce visage s'offre à moi dans le plus total dénuement, il est d'une certaine façon une invitation à la violence ; « en même temps, ajoute Levinas, le visage est ce qui nous interdit de tuer ». ◆

151 **« Si le regard pouvait tuer, si le regard pouvait féconder, la rue serait pleine de cadavres et de femmes grosses. »**

Valéry, *Tel quel*, 1941.

▶ Le maître et l'esclave

152 **« L'être qui, par son intelligence, a la faculté de prévoir, est par nature un chef et un maître, tandis que celui qui, au moyen de son corps, est seulement capable d'exécuter les ordres de l'autre, est par sa nature même un subordonné et un esclave : de là vient que l'intérêt du maître et celui de l'esclave se confondent. »**

Aristote, *La Politique*, IVe s. av. J.-C.

153 **« Le maître, qui a interposé l'esclave entre la chose et lui, se relie ainsi seulement à la dépendance de la chose, et purement en jouit. Il abandonne le côté de l'indépendance de la chose à l'esclave, qui l'élabore. »**

Hegel, *La Phénoménologie de l'Esprit*, 1807.

154 **« Qui se tient pour le maître d'autrui est lui-même un esclave. [...] Seul est libre celui qui veut libérer tout ce qui l'entoure. »**

Fichte, *Sur la destination du savant*, 1794.

Pour Fichte en effet, celui qui prétend posséder des esclaves a lui-même une âme d'esclave. Car la liberté consiste d'abord à reconnaître la liberté d'autrui, et je ne suis libre qu'en tant que je suis disposé à limiter ma liberté en fonction de celle des autres. ◆

155 **Au maître : « Veux-tu bien réfléchir à ceci : celui que tu appelles ton esclave est né de la même semence, jouit du même ciel que toi, respire comme toi, vit comme toi, meurt comme toi. Tu peux le voir libre comme lui peut te voir esclave. »**

Sénèque, *Lettres à Lucilius*, Ier s. apr. J.-C.

7. LE TEMPS, LA MÉMOIRE

Qu'est-ce que le temps ?

156 **« Qu'est-ce donc que le temps ? Si personne ne me le demande, je le sais ; mais si on me le demande et que je veuille l'expliquer, je ne le sais plus. »**

Saint Augustin, *Les Confessions*, vers 400.

157 **Le temps est « le nombre du mouvement selon l'antérieur et le postérieur ».**

Aristote, *Physique*, IVe s. av. J.-C.

158 **« Le temps est ce qui se fait, et même ce qui fait que tout se fait. »**

Bergson, *La Pensée et le Mouvant*, 1934.

Passé, présent, avenir

159 **« Les dimensions du temps sont 1° *le passé*, la présence comme supprimée, comme n'étant pas là ; 2° *l'avenir*, la non-présence, mais déterminée à être là ; 3° *le présent*, en tant qu'immédiat devenir et union des deux autres. »**

Hegel, *Propédeutique philosophique*, 1840 (posth.)

160 **« Comment donc ces deux temps, le passé et l'avenir, sont-ils, puisque le passé n'est plus et que l'avenir n'est pas encore ? Quant au présent, s'il était toujours présent, s'il n'allait pas rejoindre le passé, il ne serait pas du temps, il serait l'éternité. »**

Saint Augustin, *Les Confessions*, vers 400.

161 **« Nous rencontrons d'abord ce paradoxe : le passé n'est plus, l'avenir n'est pas encore, quant au présent instantané, chacun sait bien qu'il n'est pas du tout, il est la limite d'une division infinie, comme le point sans dimension. »**

Sartre, *L'Être et le Néant*, 1943.

162 **« Ce qu'on nomme le présent, c'est-à-dire l'événement en simultanéité, n'a jamais de consistance, il est pour s'évanouir, son être coïncide avec son évanescence. »**

Sartre, *Cahiers pour une morale*, 1983 (posth.)

▶ Temps et durée

163 **« La durée vécue par notre conscience est une durée au rythme déterminé, bien différente de ce temps dont parle le physicien et qui peut emmagasiner, dans un intervalle donné, un nombre aussi grand qu'on voudra de phénomènes. »**

Bergson, *Matière et Mémoire*, 1896.

La durée, telle que l'expérimente notre conscience, s'oppose au temps des physiciens. ◆

164 **« La pure durée pourrait bien n'être qu'une succession de changements qualitatifs qui se fondent, qui se pénètrent, sans contours précis, sans aucune tendance à s'extérioriser les uns par rapport aux autres, sans aucune parenté avec le nombre : ce serait l'hétérogénéité pure. »**

Bergson, *Sur les données immédiates de la conscience*, 1889.

165 **« La durée toute pure est la forme que prend la succession de nos états de conscience quand notre moi se laisse vivre, quand il s'abstient d'établir une séparation entre l'état présent et les états antérieurs. »**

Bergson, *Sur les données immédiates de la conscience*, 1889.

L'éternel retour

166 **« Tout va, tout revient, la roue de l'existence tourne éternellement. »**

Nietzsche, *Ainsi parlait Zarathoustra*, 1883-1885.

167 **« La devise générale de l'histoire devrait être : *Eadem, sed aliter* – les mêmes choses, mais d'une autre manière. »**

Schopenhauer, *Le Monde comme volonté et comme représentation*, 1818.

168 **« L'humanité, dans sa marche oscillatoire, tourne incessamment sur elle-même : ses progrès ne sont que le rajeunissement de ses traditions. »**

Proudhon, *Système des contradictions économiques*, 1846.

Le temps, forme *a priori* de la sensibilité

169 **« *Ô Temps ! Suspends ton vol !* C'est le vœu du poète, mais qui se détruit par la contradiction, si l'on demande : "Combien de temps le Temps va-t-il suspendre son vol ?" »**

Alain, *Éléments de philosophie*, 1941.

170 **« *L'idée de temps est une intuition.* Et puisqu'elle est conçue, avant toute sensation, comme la condition des rapports que l'on rencontre entre les choses sensibles, elle n'est pas elle-même une intuition d'origine sensible, mais une *intuition pure.* »**

Kant, *Dissertation de 1770*, 1770.

Le temps, de même que l'espace, n'est pas une idée tirée de l'expérience ; il est d'une certaine manière antérieur à toute expérience. En effet, je ne peux percevoir aucun événement, aucun objet en dehors du cadre temporel ; celui-ci constitue la *forme* en laquelle tout objet peut être perçu. Le temps est donc la condition de notre intuition sensible, par laquelle les objets nous sont donnés dans l'expérience.

171 **« Le temps est [...] donné *a priori*. En lui seul est possible toute réalité des phénomènes. Ceux-ci peuvent bien disparaître tous ensemble, mais le temps lui-même (comme condition générale de leur possibilité) ne peut être supprimé. »**

Kant, *Critique de la raison pure*, 1781.

Est *a priori* ce qui est indépendant de toute expérience. ◆

172 **« Le temps n'est pas un concept discursif, ou, comme on dit, un concept général, mais une forme pure de l'intuition sensible. »**

Kant, *Critique de la raison pure*, 1781.

173 **« Je ne suis pas dans l'espace et dans le temps, je ne pense pas l'espace et le temps ; je suis à l'espace et au temps, mon corps s'applique à eux et les embrasse. »**

Merleau-Ponty, *Phénoménologie de la perception*, 1945.

▶ L'homme prisonnier du temps

174 **« L'étendue est la marque de ma puissance. Le temps est la marque de mon impuissance. »**

Lagneau, *Célèbres Leçons et Fragments*, 1950 (posth.)

175 **« C'est l'homme tout entier qui est le temps incarné, un temps à deux pattes, qui va, qui vient et qui meurt : aussi l'homme n'a-t-il aucune prise sur le temps ; nous ne pouvons que substituer au temps ce qui n'est pas lui, le confondre avec ces compteurs sociaux que sont les horloges et les calendriers. »**

Jankélévitch, *Quelque part dans l'inachevé*, 1978.

Nous ne pouvons penser le temps. Toutes nos pensées déjà s'inscrivent dans le temps, lequel est, selon Jankélévitch, « consubstantiel à notre pensée, à notre existence, à tous nos actes ». Quant aux horloges et aux calendriers, même s'ils disparaissaient définitivement de la surface de la terre, le temps continuerait de s'écouler sans eux. ◆

176 **« Le temps est un enfant qui s'amuse, il joue au trictrac. À l'enfant la royauté. »**

Héraclite (VIe s. av. J.-C.), cité par Hippolyte.

Le temps est le maître de notre existence. S'il la veut courte, elle sera courte ; s'il la veut longue, elle sera longue. Entre ses mains, nous sommes comme les pions d'un jeu auquel nous n'avons aucune part. Pour Héraclite, l'homme est soumis aux caprices du temps. ◆

▶ Devenir et éternité

177 **« On ne saurait entrer deux fois dans le même fleuve. »**

Héraclite (VIe s. av. J.-C.), cité par Platon dans le *Cratyle*.

Comme les eaux du fleuve, tout ce qui est, est en perpétuel mouvement. Tout change ; rien ne demeure. C'est la formule du mobilisme universel. ◆

178 **« Tous les êtres que tu vois, tu les vois tant que la nature qui gouverne l'univers ne les changera pas encore et ne fera pas de leur substance d'autres êtres et, à nouveau, de la substance de ceux-là d'autres encore, afin que le monde soit toujours nouveau. »**

Marc-Aurèle, *Pensées pour moi-même*, IIe s. apr. J.-C.

179 **« Ce serait péché de dire de Dieu, qui est le seul qui est, qu'il fut ou qu'il sera. »**

Montaigne, *Essais*, 1580-1588.

En effet, parler de Dieu au passé ou au futur n'a guère de sens, car l'existence de Dieu ne s'inscrit pas dans le temps. L'être de Dieu ne peut être affecté par les changements et les altérations que connaissent les êtres temporels. L'éternité place Dieu hors du temps : il est ainsi le seul qui soit véritablement, « d'une éternité immuable et immobile », sans naissance ni fin. ◆

180 **« Nous disons [de la substance éternelle] qu'elle était, qu'elle est, qu'elle sera, alors qu'*elle est* est le seul terme qui lui convienne véritablement. »**

Platon, *Timée*, IVe s. av. J.-C.

Le passé, le présent et l'avenir sont des catégories du devenir, non de l'éternité immuable et immobile.◆

181 **« Si l'on entend par éternité, non pas une durée temporelle infinie, mais l'intemporalité, alors celui-là vit éternellement qui vit dans le présent. »**

Wittgenstein, *Tractatus logico-philosophicus*, 1921.

▶ La mémoire et l'oubli

182 **« Imaginez l'exemple extrême : un homme qui serait incapable de rien oublier et qui serait condamné à ne voir partout qu'un devenir ; celui-là ne croirait pas à son propre être, il ne croirait plus en soi, il verrait tout se dissoudre en une infinité de points mouvants et finirait par se perdre dans ce torrent du devenir. »**

Nietzsche, *Considérations inactuelles*, 1873-1876.

183 **« Nul bonheur, nulle sérénité, nulle espérance, nulle fierté, nulle jouissance de l'instant présent ne pourraient exister sans faculté d'oubli. »**

Nietzsche, *La Généalogie de la morale*, 1887.

184 **« Nous n'avons pas encore totalement oublié ce que nous nous souvenons d'avoir oublié. Nous ne pourrions pas rechercher un souvenir perdu si l'oubli en était absolu. »**

Saint Augustin, *Les Confessions*, vers 400.

C'est là le paradoxe de la mémoire : dans l'oubli même, tout n'est pas oublié. Le fait que nous fassions parfois appel à notre mémoire pour retrouver un événement passé que nous avons « oublié » prouve qu'il demeure bien une trace de cet événement. Autrement, nous n'aurions même pas conscience de l'avoir oublié.◆

185 **« Se souvenir de tout serait, en bien des circonstances, aussi fâcheux que ne se souvenir de rien ; il faudrait, pour nous rappeler une portion déterminée de notre passé, exactement le temps qu'il fallut pour la vivre, et nous ne viendrions jamais à bout de penser. »**

William James, *Principes de psychologie*, 1890.

186 **La *mémoire-habitude*, « fixée dans l'organisme, n'est point autre chose que l'ensemble des mécanismes intelligemment montés qui assurent une réplique convenable aux diverses interpellations possibles. »**

Bergson, *Matière et Mémoire*, 1896.

Quand on me demande mon numéro de téléphone, je le donne mécaniquement, sans faire aucun effort pour m'en ressouvenir. En effet, je l'ai communiqué tant de fois que je le connais « par cœur ». Ainsi ce souvenir a bien toutes les caractéristiques de l'habitude. ◆

187 **La *mémoire-souvenir* « retient et aligne à la suite les uns des autres tous nos états au fur et à mesure qu'ils se produisent, laissant à chaque fait sa place, et par conséquent lui marquant sa date, se mouvant bien réellement dans le passé définitif, et non pas, comme la première [la mémoire-habitude], dans un présent qui recommence sans cesse. »**

Bergson, *Matière et Mémoire*, 1896.

Si l'on me demande comment j'ai réussi à apprendre mon numéro de téléphone, là je dois réfléchir. Je dois précisément faire appel à ma mémoire pour retrouver mes premières hésitations, les procédés mnémotechniques dont je me suis servi, les endroits où j'ai commencé par noter mon numéro… Tous ces souvenirs sont datés et appréhendés comme des événements du passé. Seule la mémoire que je mobilise de cette façon est la mémoire vraie. ◆

8. L'EXISTENCE

L'humaine condition

188 **« Chaque homme porte la forme entière de l'humaine condition. »**

Montaigne, *Essais*, 1580-1588.

189 **« Car enfin qu'est-ce que l'homme dans la nature ? Un néant à l'égard de l'infini, un tout à l'égard du néant, un milieu entre rien et tout. »**

Pascal, *Pensées*, 1670 (posth.)

190 **« Nous n'avons aucune communication à l'être, parce que toute humaine nature est toujours au milieu entre le naître et le mourir, ne baillant de soi qu'une obscure apparence et ombre, et une incertaine et débile opinion. »**

Montaigne, *Essais*, 1580-1588.

Par là, Montaigne veut dire que les hommes, qui sont de nature finie et mortelle, n'ont aucun rapport avec l'être suprême (Dieu), qui est éternel et « à qui le temps n'apporte jamais aucune mutation ».

Essence et existence

191 **« L'homme n'est rien d'autre que son projet, il n'existe que dans la mesure où il se réalise, il n'est donc rien d'autre que l'ensemble de ses actes, rien d'autre que sa vie. »**

Sartre, *L'existentialisme est un humanisme*, 1946.

192 **« L'existence, au sens moderne, c'est le mouvement par lequel l'homme est au monde, s'engage dans une situation physique et sociale qui devient son point de vue sur le monde. »**

Merleau-Ponty, *Sens et Non-sens*, 1948.

193 **« L'existentialisme athée [...] déclare que si Dieu n'existe pas, il y a au moins un être chez qui l'existence précède l'essence, un être qui existe avant de pouvoir être défini par aucun concept et que cet être c'est l'homme. »**

Sartre, *L'existentialisme est un humanisme*, 1946.

194 **« Pour un être conscient, exister consiste à changer, changer à se mûrir, se mûrir à se créer indéfiniment soi-même. »**

Bergson, *L'Évolution créatrice*, 1907.

L'existence se laisse-t-elle penser ?

195 **« L'existence est le récif sur lequel la pensée pure fait naufrage. »**

Kierkegaard, *Post-scriptum aux Miettes philosophiques*, 1846.

Kierkegaard souligne ici l'incapacité de la pensée abstraite à saisir notre vécu existentiel dans ce qu'il a précisément de concret, d'unique, de complexe et, au bout du compte, d'irréductible à toute catégorie.

196 **« Exister, c'est quelque chose ; cela écrase toutes les raisons. [...] Aucune raison ne peut donner l'existence, aucune existence ne peut donner ses raisons. »**

Alain, *Propos* du 1er avril 1908.

L'angoisse

197 **« L'angoisse est le vertige de la liberté. »**

Kierkegaard, *Le Concept d'angoisse*, 1844.

198 **« L'angoisse est cette situation affective fondamentale qui nous place face au néant. »**

Heidegger, *Kant et le problème de la métaphysique*, 1929.

199 **« Parvenons-nous [...] à étouffer ou à dissimuler notre angoisse ? Il est certain que nous ne saurions la supprimer puisque nous *sommes* angoisse. »**

Sartre, *L'Être et le Néant*, 1943.

▶ Contingence et nécessité

200 **« J'appelle les choses singulières contingentes, en tant qu'ayant égard à leur seule essence, nous ne trouvons rien qui pose nécessairement leur existence ou qui l'exclue nécessairement. »**

Spinoza, *Éthique*, 1677 (posth.)

Est en effet contingent ce qui peut indifféremment être ou ne pas être. Dans la mesure où la couleur d'un tissu ne relève pas de l'essence de ce tissu, le fait que celui-ci soit vert ou bleu est purement contingent. ◆

201 **« Il est de la nature de la raison de considérer les choses non comme contingentes, mais comme nécessaires. »**

Spinoza, *Éthique*, 1677 (posth.)

202 **« Tout ce qui *est* peut *ne pas être*. Il n'y a pas de fait dont la négation implique contradiction. »**

Hume, *Enquête sur l'entendement humain*, 1748.

203 **« Il y a [...] deux sortes de *vérités*, celles de *raisonnement* et celles de *fait*. Les vérités de *raisonnement* sont nécessaires et leur opposé est impossible, et celles de *fait* sont contingentes et leur opposé est possible. »**

Leibniz, *La Monadologie*, 1721 (posth.)

204 **« L'essentiel c'est la contingence. Je veux dire que, par définition, l'existence n'est pas la nécessité. [...] Tout est gratuit, ce jardin, cette ville et moi-même. »**

Sartre, *La Nausée*, 1938.

Il n'y a, dans notre existence comme dans l'existence de toute chose, nulle nécessité. Exister, ajoute Sartre, c'est simplement « être là ». J'existe, certes, mais j'aurais tout aussi bien pu ne jamais exister. C'est précisément la conscience de la contingence de mon existence qui me donne la *nausée*. ◆

205 **« L'être individuel sous toutes ses formes est, d'un mot très général, « contingent ». Tel il est ; autre il pourrait être en vertu de son essence. »**

Husserl, *Idées directrices pour une phénoménologie*, 1913.

▶ La valeur de la vie

206 **« Juger que la vie vaut ou ne vaut pas la peine d'être vécue, c'est répondre à la question fondamentale de la philosophie. »**

Camus, *Le Mythe de Sisyphe*, 1942.

207 **« Si la vie humaine n'a pas de prix, nous agissons toujours comme si quelque chose dépassait en valeur la vie humaine... Mais quoi ? »**

Saint-Exupéry, *Vol de nuit*, 1931.

208 **Diotime : « Si la vie vaut jamais la peine d'être vécue, cher Socrate, c'est à ce moment où l'homme contemple la beauté en soi. »**

Platon, *Le Banquet*, IVe s. av. J.-C.

209 **« La valeur de la vie ne saurait être évaluée. Pas par un vivant, car il est partie, et même objet du litige, et non juge ; pas davantage par un mort, pour une tout autre raison. »**

Nietzsche, *Crépuscule des idoles*, 1889.

Le problème de la valeur de la vie est, pour Nietzsche, un faux problème, l'indice d'une décadence, le symptôme d'une vie déclinante. ◆

9. LA MORT

▶ La mort : la fin de tout ?

210 **« Si toutes mes perceptions étaient supprimées par la mort et que je ne puisse ni penser, ni sentir, ni voir, ni aimer, ni haïr après la dissolution de mon corps, je serais entièrement annihilé et je ne conçois pas ce qu'il faudrait de plus pour faire de moi un parfait néant. »**

Hume, *Traité de la nature humaine*, 1740.

211 **« Cet affranchissement et cette séparation de l'âme d'avec le corps, n'est-ce pas cela qu'on appelle la mort ? »**

Platon, *Phédon*, IVe s. av. J.-C.

212 **« Mourir, c'est changer de corps comme l'acteur change d'habit. »**

Plotin, *Ennéades*, IIIe s. apr. J.-C.

213 **« Le dernier acte est sanglant, quelque belle que soit la comédie en tout le reste : on jette enfin de la terre sur la tête, et en voilà pour jamais. »**

Pascal, *Pensées*, 1670 (posth.)

214 **« Notre vie est tout autant sans fin que notre champ de vision est sans limites. »**

Wittgenstein, *Tractatus logico-philosophicus*, 1921.

215 **« L'unique raison de croire à l'extinction de la conscience après la mort est qu'on voit le corps se désorganiser, et cette raison n'a plus de valeur si l'indépendance de la presque totalité de la conscience à l'égard du corps est, elle aussi, un fait que l'on constate. »**

Bergson, *L'Énergie spirituelle*, 1919.

216 **« Si la vie est éphémère, le fait d'avoir vécu une vie éphémère est un fait éternel. »**

Jankélévitch, *La Mort*, 1966.

La mort peut tout m'ôter, sauf le fait d'avoir vécu. Certes la mort m'anéantit et me nihilise. Mais, d'après Jankélévitch, « il y a un impérissable dont les griffes de la mort ne se saisissent jamais » : c'est précisément l'ineffaçable réalité de ma propre existence. ◆

217 **« Dusses-tu vivre trois mille ans et autant de fois dix mille ans, souviens-toi pourtant que personne ne perd une autre vie que celle qu'il vit, et qu'il n'en vit pas d'autre que celle qu'il perd. »**

Marc-Aurèle, *Pensées pour moi-même*, IIe s. apr. J.-C.

▶ La mort en première personne

218 **« La première personne du singulier ne peut conjuguer "Mourir" qu'au futur. »**

Jankélévitch, *La Mort*, 1966.

219 **« Il faut quitter la vie comme Ulysse quitta Nausicaa, – en la bénissant plutôt qu'en l'aimant. »**

Nietzsche, *Par-delà le bien et le mal*, 1886.

220 **« La mort représente une totale dépossession [...]. Être mort, c'est être en proie aux vivants. »**

Sartre, *L'Être et le Néant*, 1943.

Tant que je suis vivant en effet, je peux échapper au personnage que je suis pour autrui en luttant contre les tentatives que fait ce dernier pour me « chosifier ». Dès lors que je quitte la scène, les autres (« les vivants ») ont libre champ pour faire de moi ce qu'ils veulent. ◆

La mort en deuxième personne

221 **« Cet être cher, [...] ce n'est pas lui que nous pleurons, c'est nous-mêmes. Nous pleurons cette partie de lui qui était en nous et qui était nécessaire au fonctionnement harmonieux de notre système nerveux. »**

Henri Laborit, *Éloge de la fuite*, 1976

222 **« La mort est un événement de courte durée ; c'est une maladie de l'imagination. »**

Alain, *Propos* du 15 juillet 1930.

Par cette formule volontairement provocatrice, Alain souligne que tout *travail de deuil* est limité dans le temps, que la vie finit toujours par reprendre ses droits ; ainsi, chaque jour, nous tuons un peu plus en nous l'ami disparu, jusqu'à ce que nous retrouvions « la force d'admirer et d'aimer ». Heureusement, la perte d'un être cher est une maladie dont on peut guérir, dont on doit guérir. ◆

223 **« Si tu aimes une marmite, dis-toi : "C'est une marmite que j'aime." Car, si elle vient à se casser, tu n'en seras pas troublé. Si tu embrasses ton enfant ou ta femme, dis-toi que c'est un être humain que tu embrasses ; car, s'il meurt, tu n'en seras pas troublé. »**

Épictète, *Manuel*, vers 130 apr. J.-C.

Penser la mort

224 **« En s'occupant de philosophie comme il convient, on ne fait pas autre chose que de rechercher la mort et l'état qui la suit. »**

Platon, *Phédon*, IVe s. av. J.-C.

225 **« Philosopher c'est apprendre à mourir. »**

Montaigne, *Essais*, 1580-1588.

Montaigne prône ici la « pré-méditation » de la mort. Pour combattre la crainte qu'elle suscite en nous, il faut l'apprivoiser, nous faire à son idée, nous habituer à elle : « N'ayons rien si souvent en tête que la mort », dit-il plus loin. ◆

226 **« La préméditation de la mort est préméditation de la liberté. Qui a appris à mourir, il a désappris à servir. »**

Montaigne, *Essais*, 1580-1588.

S'accoutumer à l'idée de notre propre mort, c'est nous libérer de la frayeur qu'elle nous inspire. Ainsi, apprendre à mourir, c'est proprement nous libérer progressivement de la servitude en laquelle nous tient la crainte de la mort. ◆

227 **« Un homme libre ne pense à aucune chose moins qu'à la mort ; et sa sagesse est une méditation non de la mort mais de la vie. »**

Spinoza, *Éthique*, 1677 (posth.)

228 **« On ne cesse de penser à la mort qu'en cessant de penser. »**

Marcel Conche, *La Mort et la Pensée*, 1973.

229 **« Que la mort, l'exil et tout ce qui te paraît effrayant soient sous tes yeux chaque jour ; mais plus que tout, la mort. Jamais alors tu ne diras rien de vil, et tu ne désireras rien outre mesure. »**

Épictète, *Manuel*, vers 130 apr. J.-C.

▶ La mort est-elle à craindre ?

230 **« Ce qui trouble les hommes, ce ne sont pas les choses, mais les opinions tranchées qu'ils ont sur les choses ; par exemple,**

la mort n'a rien d'effrayant, [...] mais c'est l'opinion tranchée selon laquelle la mort est effrayante qui est elle-même effrayante. »

Épictète, *Manuel*, vers 130 apr. J.-C.

231 **« La mort, si nous voulons nommer ainsi cette irréalité, est la chose la plus redoutable. »**

Hegel, *La Phénoménologie de l'Esprit*, 1807.

232 **« Ce qui, pour l'homme, est le principe de tous les maux et de sa bassesse d'âme et de sa lâcheté, ce n'est pas la mort, mais bien plutôt la crainte de la mort. »**

Épictète, *Entretiens*, vers 130 apr. J.-C.

233 **« Le courage consiste à ne pas craindre la mort. Or, comme la mort est la séparation de l'âme d'avec le corps, cette séparation ne saurait effrayer celui qui aime à être seul. »**

Plotin, *Ennéades*, IIIe s. apr. J.-C.

▶ Une nécessité biologique

234 **« Ne méprise pas la mort, mais fais-lui bon accueil, comme étant une des choses voulues par la nature. »**

Marc-Aurèle, *Pensées pour moi-même*, IIe s. apr. J.-C.

235 **« Dès qu'un humain vient à la vie, il est déjà assez vieux pour mourir. »**

Heidegger, *Être et Temps*, 1927.

236 **« [La] condition nécessaire à la possibilité même d'une évolution, c'est la mort. Non pas la mort venue du dehors, comme**

conséquence de quelque accident. Mais la mort imposée du dedans, comme une nécessité prescrite, dès l'œuf, par le programme génétique même. »

François Jacob, *La Logique du vivant*, 1970.

La mort est en effet inscrite dans le programme génétique de toute cellule vivante. C'est elle qui rend la reproduction (et donc la perpétuation de l'espèce) possible. Sans la mort, il n'y aurait pas de vie. ◆

237 **« La croyance à la nécessité interne de la mort n'est peut-être qu'une de ces nombreuses illusions que nous nous sommes créées pour nous rendre "supportable le fardeau de l'existence". »**

Freud, *Essais de psychanalyse*, 1923.

▶ Un faux problème

238 **« Familiarise-toi avec l'idée que la mort n'est rien pour nous, car tout bien et tout mal résident dans la sensation ; or, la mort est privation de toute sensibilité. »**

Épicure, *Lettre à Ménécée*, IIIe s. av. J.-C.

239 **« Celui des maux qui fait le plus frémir n'est rien pour nous, puisque tant que nous existons, la mort n'est pas, et que, quand la mort est là, nous ne sommes plus. »**

Épicure, *Lettre à Ménécée*, IIIe s. av. J.-C.

240 **L'homme « s'indigne d'avoir été créé mortel ; il ne voit pas que dans la mort véritable il n'y aura plus d'autre lui-même demeuré vivant pour pleurer sa fin et, resté debout, gémir de voir sa dépouille devenue la proie des bêtes et des flammes. »**

Lucrèce, *De la Nature*, Ier s. av. J.-C.

▶ Le désir d'éternité

241 **« La mort ne peut être imaginée puisqu'elle est absence d'images. Elle ne peut être pensée puisqu'elle est absence de pensée. Il faut donc vivre comme si nous étions éternels. Ce qui, pour chacun de nous, mais pour lui seul, est vrai. »**

André Maurois, *Ce que je crois*, 1952.

Ce qui nous autorise à nous considérer comme éternels, c'est que jamais nous ne vivrons notre propre mort, jamais nous ne nous verrons mourir. De notre point de vue, pour ainsi dire, nous vivrons jusqu'au bout ; nous ne cesserons jamais de vivre. ◆

242 **« Au fond, personne ne croit à sa propre mort ou, ce qui revient au même, dans son inconscient chacun est persuadé de sa propre immortalité. »**

Freud, *Essais de psychanalyse*, 1923.

243 **« Quand un homme se passionne pour sa gloire posthume, il n'imagine pas que tous ceux qui se souviennent de lui mourront aussi très vite, ainsi que ceux qui leur succèdent, jusqu'à ce que sa mémoire s'éteigne complètement, tels des flambeaux qui, passant de l'un à l'autre, s'allument et s'éteignent. »**

Marc-Aurèle, *Pensées pour moi-même*, IIe s. apr. J.-C.

10. NATURE ET CULTURE

▶ L'état de nature : hypothèses

244 **« L'état de nature est l'état de rudesse, de violence et d'injustice. Il faut que les hommes sortent de cet état pour constituer une société qui soit État. »**

Hegel, *Propédeutique philosophique*, 1840 (posth.)

245 **« L'état naturel des hommes, avant qu'ils eussent formé des sociétés, était une guerre perpétuelle, et non seulement cela, mais une guerre de tous contre tous. »**

Hobbes, *Du citoyen*, 1642.

246 **« Tous les écrivains qui se sont occupés de politique [...] s'accordent à dire que quiconque veut fonder un État et lui donner des lois doit supposer d'avance les hommes méchants, et toujours prêts à montrer leur méchanceté toutes les fois qu'ils en trouveront l'occasion. »**

Machiavel, *Sur la première décade de Tite-Live*, 1531 (posth.)

247 **« L'état de nature étant celui où le soin de notre conservation est le moins préjudiciable à celle d'autrui, cet état était par conséquent le plus propre à la paix, et le plus convenable au genre humain. »**

Rousseau, *Sur l'origine de l'inégalité*, 1755.

248 **Voltaire à Rousseau : « On n'a jamais tant employé d'esprit à vouloir nous rendre bêtes. Il prend envie de marcher à quatre pattes quand on lit votre ouvrage. »**

Voltaire, Lettre du 30 août 1755.

► Y a-t-il une nature humaine ?

249 **« Avant la rencontre d'autrui, et du groupe, l'homme n'est rien que des virtualités aussi légères qu'une transparente vapeur. »**

Lucien Malson, *Les Enfants sauvages*, 1964.

250 **« Voulez-vous connaître les sentiments, les inclinations et le genre de vie des Grecs et des Romains ? Étudiez bien le caractère et les actions des Français et des Anglais. »**

Hume, *Enquête sur l'entendement humain*, 1748.

Par cette boutade, Hume veut dire qu'il existe une nature humaine qui demeure une et toujours la même, quels que soient le lieu et l'époque. ◆

251 **« La majeure partie de nos états de conscience ne se seraient pas produits chez des êtres isolés et se seraient produits tout autrement chez des êtres groupés d'une autre manière. Ils dérivent donc, non de la nature psychologique de l'homme en général, mais de la façon dont les hommes une fois associés s'affectent mutuellement. »**

Durkheim, *De la division du travail social*, 1893.

252 **« L'homme ne peut devenir homme que par l'éducation. Il n'est rien que ce que l'éducation fait de lui. »**

Kant, *Propos de pédagogie*, 1803.

253 **« Il n'y a pas de nature humaine, puisqu'il n'y a pas de Dieu pour la concevoir. »**

Sartre, *L'existentialisme est un humanisme*, 1946.

▶ Où finit la nature ? Où commence la culture ?

254 **« Ce passage de l'état de nature à l'état civil produit dans l'homme un changement très remarquable, en substituant dans sa conduite la justice à l'instinct, et en donnant à ses actions la moralité qui leur manquait auparavant. »**

Rousseau, *Du contrat social*, 1762.

255 **« La culture n'est ni simplement juxtaposée, ni simplement superposée à la vie. En un sens, elle se substitue à la vie, en un autre elle l'utilise et la transforme, pour réaliser une synthèse d'un ordre nouveau. »**

Lévi-Strauss, *Les Structures élémentaires de la parenté*, 1949.

256 **« Il n'est pas plus naturel ou pas moins conventionnel de crier dans la colère ou d'embrasser dans l'amour que d'appeler table une table. »**

Merleau-Ponty, *Phénoménologie de la perception*, 1945.

▶ La prohibition de l'inceste

257 **« La prohibition de l'inceste présente, sans la moindre équivoque, et indissolublement réunis, les deux caractères où nous avons reconnu les attributs contradictoires de deux ordres exclusifs [culture et nature] : elle constitue une règle, mais une règle qui, seule entre toutes les règles sociales, possède en même temps un caractère d'universalité. »**

Lévi-Strauss, *Les Structures élémentaires de la parenté*, 1949.

Si l'on admet, avec Lévi-Strauss, que la règle constitue le critère indiscutable de la culture et que, symétriquement, l'universalité est le signe de la nature, la prohibition de l'inceste, en tant qu'il s'agit d'une règle universellement observée, constitue une sorte de « scandale ». ◆

258 **« Tout mariage est une rencontre dramatique entre la nature et la culture, entre l'alliance et la parenté. »**

Lévi-Strauss, *Les Structures élémentaires de la parenté*, 1949.

259 **« A partir du moment où je m'interdis l'usage d'une femme, qui devient ainsi disponible pour un autre homme, il y a, quelque part, un homme qui renonce à une femme qui devient, de ce fait, disponible pour moi. [...] La prohibition n'est instaurée que pour garantir et fonder, directement ou indirectement, imédiatement ou médiatement, un échange. »**

Lévi-Strauss, *Les Structures élémentaires de la parenté*, 1949.

▶ Le naturel et l'artificiel

260 **« Il est impossible de superposer chez l'homme une première couche de comportements que l'on appellerait "naturels" et un monde culturel ou spirituel fabriqué. Tout est fabriqué et tout est naturel chez l'homme. »**

Merleau-Ponty, *Phénoménologie de la perception*, 1945.

261 **« Voulez-vous savoir l'histoire abrégée de presque toute notre misère ? La voici. Il existait un homme naturel : on a introduit au-dedans de cet homme un homme artificiel ; et il s'est élevé dans la caverne une guerre continuelle qui dure toute la vie. »**

Diderot, *Supplément au Voyage de Bougainville*, 1796 (posth.)

▶ Le mythe du « bon sauvage »

262 **« Aussi longtemps que les hommes vivent sans un pouvoir commun qui les tienne tous en respect, ils sont dans cette condition qui se nomme guerre, et cette guerre est la guerre de chacun contre chacun. »**

Hobbes, *Léviathan*, 1651.

263 **« Sauvage, qui veut dire « de la forêt », évoque [...] un genre de vie animale, par opposition à la culture humaine. »**

Lévi-Strauss, *Race et Histoire*, 1968.

264 **« La vie sauvage ou l'état de nature, auquel des spéculateurs chagrins ont voulu ramener les hommes, l'âge d'or si vanté par les poètes, ne sont dans le vrai que des états de misère, d'imbécillité, de déraison. »**

Holbach, *Le Système social*, 1773.

265 **« L'homme n'est point cet être débonnaire, au cœur assoiffé d'amour, dont on dit qu'il se défend quand on l'attaque, mais un être, au contraire, qui doit porter au compte de ses données instinctives une bonne somme d'agressivité. »**

Freud, *Malaise dans la civilisation*, 1929.

L'agressivité est constitutive de la nature humaine. Comme le soulignait déjà Hobbes, l'homme est un loup pour l'homme. Cette tendance à vouloir posséder, asservir, martyriser ou tuer son prochain constitue pour Freud la menace la plus sérieuse pour la survie des sociétés humaines. ◆

11. L'HISTOIRE

Le métier d'historien

266 **« Qu'est-ce donc que l'histoire ? Je proposerai de répondre : l'histoire est la connaissance du passé humain. »**
Henri-Irénée Marrou, *De la connaissance historique*, 1954.

267 **« L'histoire que nous écrivons, l'histoire rétrospective (*die Historie*) est rendue possible par l'histoire qui s'est faite (*die Geschichte*). »**
Paul Ricœur, *Histoire et Vérité*, 1955.

268 **« La véritable histoire objective d'un peuple commence lorsqu'elle devient aussi une histoire écrite. »**
Hegel, *La Raison dans l'histoire*, 1837 (posth.)

269 **« L'historien n'a pas à s'occuper des événements tels qu'ils se sont passés en réalité, mais seulement tels qu'on les suppose s'être passés : car c'est ainsi qu'ils ont produit leur *effet*. »**
Nietzsche, *Aurore*, 1881.

270 **« Le document n'était pas document avant que l'historien n'ait songé à lui poser une question, et ainsi l'historien institue, si l'on peut dire, du document en arrière de lui et à partir de son observation ; par là même il institue des faits historiques. »**
Paul Ricœur, *Histoire et Vérité*, 1955.

271 **« L'historien est dans la situation d'un physicien qui ne connaîtrait les faits que par le compte rendu d'un garçon de laboratoire ignorant et peut-être menteur. »**
Charles Seignobos, *Introduction aux études historiques*, 1897.

Qui fait l'histoire ?

272 **« Le moulin à bras vous donnera la société avec le suzerain ; le moulin à vapeur, la société avec le capitalisme industriel. »**
Marx, *Misère de la philosophie*, 1847.

Pour Marx, ce sont les processus économiques à l'œuvre dans une société – et, au premier chef, les moyens de production dont elle dispose – qui déterminent son évolution historique.

273 **« A quoi bon se demander si l'histoire est faite par les hommes ou par les choses, puisque de toute évidence les initiatives humaines n'annulent pas le poids des choses et que "la force des choses" opère toujours à travers des hommes ? »**
Merleau-Ponty, *Signes*, 1960.

274 **« La Raison gouverne le monde et par conséquent gouverne et a gouverné l'histoire universelle. »**
Hegel, *La Raison dans l'histoire*, 1837 (posth.)

275 **« Je n'ignore pas cette croyance fort répandue : les affaires de ce monde sont gouvernées par la fortune et par Dieu [...]. Cependant, comme notre libre arbitre ne peut disparaître, j'en viens à croire que la fortune est maîtresse de la moitié de nos actions, mais qu'elle nous abandonne à peu près l'autre moitié. »**
Machiavel, *Le Prince*, 1532 (posth.)

Les « grands hommes »

276 **« Ce sont maintenant les grands hommes historiques qui [...] réalisent ce but qui correspond au concept supérieur de l'Esprit. C'est pourquoi on doit les nommer des *héros*. »**
Hegel, *La Raison dans l'histoire*, 1837 (posth.)

277 **« Il n'y a pas de héros pour son valet de chambre, dit un proverbe connu. J'ai ajouté [...] que s'il en est ainsi, ce n'est pas parce que celui-là n'est pas un héros, mais parce que celui-ci n'est qu'un valet. »**

Hegel, *La Raison dans l'histoire*, 1837 (posth.)

278 **« L'histoire traite presque exclusivement de ces hommes *mauvais* qui, plus tard, ont été appelés *bons* ! »**

Nietzsche, *Aurore*, 1881.

La plupart de ceux que la postérité considère comme de « grands hommes » ont commencé par renverser l'autorité établie, et c'est souvent au prix de maints crimes barbares qu'ils sont parvenus à imposer leur propre autorité. ◆

279 **« Dans l'histoire, les personnages qui n'ont pas eu la tête coupée, et les personnages qui n'ont pas fait couper de têtes disparaissent sans laisser de traces. Il faut être victime ou bourreau, ou sans aucune importance. »**

Valéry, *Mauvaises Pensées et autres*, 1942.

▶ L'événement historique

280 **« Qu'est-ce qu'un événement ? Est-ce un fait quelconque ? Non pas. C'est un fait notable. Or comment l'historien juge-t-il qu'un fait est notable ou non ? Il en juge arbitrairement, [...] car les faits ne se divisent pas, de leur propre nature, en faits historiques et en faits non historiques. »**

Anatole France, *Le Jardin d'Épicure*, 1894.

281 **« C'est la multiplicité et la durée des effets produits, c'est l'intensité de la répercussion dans l'espace et dans le temps qui caractérisent l'*événement*. [...] De même qu'il y a des hasards indifférents et des événements, il y a des individualités négligeables et des personnages. »**

Henri Berr, *La Synthèse en histoire*, 1911.

282 **« La science sociale a presque horreur de l'événement. Non sans raison : le temps court est la plus capricieuse, la plus trompeuse des durées. »**

Braudel, *Écrits sur l'histoire*, 1969.

▶ Les « leçons » de l'histoire

283 **« Les vivants sont toujours, et de plus en plus, gouvernés nécessairement par les morts : telle est la loi fondamentale de l'ordre humain. »**

Comte, *Catéchisme positiviste*, 1852.

284 **« Connaître le passé est une manière de s'en libérer puisque seule la vérité permet de donner assentiment ou refus en toute lucidité. »**

Raymond Aron, *Dimensions de la conscience historique*, 1960.

285 **« L'Histoire justifie ce que l'on veut. Elle n'enseigne rigoureusement rien, car elle contient tout et donne des exemples de tout. »**

Valéry, *Regards sur le monde actuel*, 1945.

▶ L'histoire est-elle une science ?

286 **« Au sens strict des termes, l'histoire ne répond pas à la définition de la science ; elle ne consiste pas en démonstrations abstraites comme les mathématiques ; elle n'est pas vérifiable par l'expérimentation comme les sciences de la nature ; enfin, elle n'aboutit pas à des lois qui permettent la prévision. »**

Léon E. Halkin, *Éléments de critique historique*, 1974.

287 **« La frontière qui sépare l'histoire et la science n'est pas celle du contingent et du nécessaire, mais celle du tout et du nécessaire. »**

Paul Veyne, «L'histoire conceptualisante», *in Faire de l'histoire*, 1974.

288 **« J'entends par *histoire* une recherche scientifiquement conduite, disons à la rigueur une *science*, mais complexe : il n'y a pas *une* histoire, *un* métier d'historien, mais des métiers, des histoires, une somme de curiosités, de points de vue, de possibilités… »**

Braudel, *Écrits sur l'histoire*, 1969.

▶ Le sens de l'histoire

289 **« On peut envisager l'histoire de l'espèce humaine en gros comme la réalisation d'un plan caché de la nature pour produire une constitution politique parfaite sur le plan intérieur, et, en fonction de ce but à atteindre, également parfaite sur le plan extérieur. »**

Kant, *Idée d'une histoire universelle*, 1784.

290 **« Une philosophie de l'histoire suppose […] que l'histoire humaine n'est pas une simple somme de faits juxtaposés […], mais qu'elle est dans l'instant et dans la succession une totalité, en mouvement vers un état privilégié qui donne le sens à l'ensemble. »**

Merleau-Ponty, *Phénoménologie de la perception*, 1945.

291 **« C'est leur *bien propre* que peuples et individus cherchent et obtiennent dans leur agissante vitalité, mais en même temps ils sont les *moyens* et les *instruments* d'une chose *plus élevée*, plus vaste, qu'ils ignorent et accomplissent inconsciemment. »**

Hegel, *La Raison dans l'histoire*, 1837 (posth.)

292 **« La fin de l'histoire n'est pas une valeur d'exemple et de perfectionnement. Elle est un principe d'arbitraire et de terreur. »**

Camus, *L'Homme révolté*, 1951.

2 LA CONNAISSANCE ET LA RAISON

1. LE LANGAGE

La question des origines

293 **« Au commencement était le Verbe, et le Verbe était avec Dieu, et le Verbe était Dieu. »**

La Bible, Nouveau Testament, Évangile selon Jean.

294 **« Les noms ne sont pas nés au début par convention, mais la nature même des hommes, subissant selon chaque peuple des affections particulières et recevant des images particulières, a fait sortir d'une manière particulière l'air émis sous l'effet de chacune des affections et images, de sorte qu'enfin il y ait une différence entre les peuples suivant les lieux. »**

Épicure, *Lettre à Hérodote*,
IIIe s. av. J.-C.

295 **« Ce sont [...] les sons variés du langage que la nature poussa les hommes à émettre, et le besoin assigna un nom à chaque chose. »**

Lucrèce, *De la Nature*,
Ier s. av. J.-C.

Pour Lucrèce comme pour Épicure, le langage est d'origine naturelle, et il est absurde d'imaginer un premier législateur instituant pour chaque chose un nom, et imposant ce dernier à l'ensemble de la communauté. ◆

296 **« La première invention de la parole ne vient pas des besoins, mais des passions. »**

Rousseau, *Sur l'origine des langues*, 1781 (posth.)

On explique généralement l'invention du langage par la nécessité dans laquelle se seraient trouvés les premiers hommes d'exprimer leurs besoins. Hypothèse invraisemblable pour Rousseau, car les besoins (la faim, la soif, le désir sexuel) poussent les hommes à se battre, plutôt qu'à communiquer. Il faut croire que la parole a d'abord servi à exprimer émotions et passions. ◆

297 **« L'homme est naturellement parlant, comme il est naturellement pensant, et il est aussi peu philosophique d'assigner un commencement voulu au langage qu'à la pensée. »**

Ernest Renan, *L'Origine du langage*, 1848.

298 **« Le langage humain est sorti du cri des animaux et en garde les caractères. Il exprime les passions, les besoins, la joie et la douleur, la haine et l'amour. Il n'est pas fait pour dire la vérité. »**

Anatole France, *La Vie en fleurs*, 1923.

▶ Le poids des mots

299 **Gorgias : « Quel que soit l'artisan avec lequel il sera en concurrence, l'orateur se fera choisir de préférence à tout autre ; car il n'est pas de sujet sur lequel l'homme habile à parler ne parle devant la foule d'une manière plus persuasive que n'importe quel artisan. Telle est la puissance et la nature de la rhétorique. »**

Platon, *Gorgias*, IVe s. av. J.-C.

300 **« La parole a beaucoup plus de force pour persuader que l'écriture. »**

Descartes, Lettre à Chanut, 21 février 1648.

301 **« En amour un silence vaut mieux qu'un langage. Il est bon d'être interdit ; il y a une éloquence de silence qui pénètre plus que la langue ne saurait faire. »**

Pascal, *Discours sur les passions de l'amour*, 1844 (posth.)

302 **Socrate : « Les produits de la peinture sont comme s'ils étaient vivants ; mais pose-leur une question, ils gardent gravement le silence. Il en est de même des discours écrits. »**

Platon, *Phèdre*, IVe s. av. J.-C.

▶ Les mots et les choses

303 **Hermogène : « La nature n'assigne aucun nom en propre à aucun objet : c'est affaire d'usage et de coutume chez ceux qui ont pris l'habitude de donner les noms. »**

Platon, *Cratyle*, IVe s. av. J.-C.

304 **« Le signe linguistique unit non une chose et un nom, mais un concept et une image acoustique. »**

Saussure, *Cours de linguistique générale*, 1916 (posth.)

305 **« Le signe linguistique est arbitraire. Ainsi l'idée de "sœur" n'est liée par aucun rapport intérieur avec la suite de sons *s-ö-r* qui lui sert de signifiant. »**

Saussure, *Cours de linguistique générale*, 1916 (posth.)

L'arbitraire du signe ne signifie pas que le choix du mot juste est librement laissé au locuteur ; Saussure a simplement voulu dire que le lien unissant le *signifiant* (l'image acoustique du mot) au *signifié* (le concept auquel renvoie le signifiant) est purement conventionnel. Ce que prouve l'existence même de langues différentes. ◆

306 **« Nous croyons savoir quelque chose des choses elles-mêmes quand nous parlons d'arbres, de couleurs, de neige et de**

fleurs et nous ne possédons cependant rien que des métaphores des choses, qui ne correspondent pas du tout aux entités originelles. »

Nietzsche, *Le Livre du philosophe*, 1904 (posth.)

307 **« Pour tout dire, nous ne voyons pas les choses mêmes ; nous nous bornons, le plus souvent, à lire des étiquettes collées sur elles. »**

Bergson, *Le Rire*, 1900.

▶ Un système de signes

308 **« Dans la langue il n'y a que des différences. »**

Saussure, *Cours de linguistique générale*, 1916 (posth.)

309 **« La langue est un système de signes exprimant des idées. »**

Saussure, *Cours de linguistique générale*, 1916 (posth.)

310 **« La langue est un système où rien ne signifie en soi et par vocation naturelle, mais où tout signifie en fonction de l'ensemble. »**

Émile Benveniste, *Problèmes de linguistique générale*, 1966.

▶ Évocation, expression, communication

311 **« Abélard utilisait l'exemple de l'énoncé *nulla rosa est* (il n'y a pas de rose) pour montrer à quel point le langage pouvait tout autant parler des choses abolies que des choses inexistantes. »**

Umberto Eco, *Apostille au Nom de la rose*, 1985.

312 **« Je dis : une fleur ! et, hors de l'oubli où ma voix relègue aucun contour, en tant que quelque chose d'autre que les calices sus, musicalement se lève, idée même et suave, l'absente de tous bouquets. »**

Mallarmé, *Avant-dire au Traité du verbe de René Ghil*, 1886.

313 **« Dire quelque chose n'est jamais simplement dire quelque chose, mais :**
1. Dire quelque chose *à quelqu'un* ;
2. Lui faire *comprendre* ce qu'on veut lui dire. »

Habermas, *Théorie de l'agir communicationnel*, 1981.

Habermas met ici l'accent sur la *structure de communication* où sont nécessairement engagés locuteur et auditeur. Si je veux être compris par celui à qui je m'adresse, je dois intégrer à mon discours ce que je suppose être ses exigences, sa culture, ses valeurs… Ce qui signifie que le savoir que je mobilise alors est bien supérieur à celui qui est strictement contenu dans mon discours. ◆

▶ Et si nous n'avions qu'une seule langue ?

314 **« Tout le monde se servait d'une même langue et des mêmes mots. »**

La Bible, Ancien Testament, Genèse.

315 **« J'oserais espérer [...] une langue universelle fort aisée à apprendre, à prononcer et à écrire et, ce qui est le principal, qui aiderait au jugement, lui représentant si distinctement toutes choses, qu'il lui serait presque impossible de se tromper. »**

Descartes, Lettre à Mersenne, 20 novembre 1629.

316 **Cette langue universelle « sera d'un secours merveilleux, [...] surtout pour exterminer les controverses dans les matières qui dépendent du raisonnement. Car alors raisonner et calculer sera la même chose ».**

Leibniz, *Opuscules et fragments*, 1890 (posth.)

317 **« Comparées entre elles, les différentes langues montrent qu'on ne parvient jamais par les mots à la vérité, ni à une expression adéquate : sans cela il n'y aurait pas de si nombreuses langues. »**

Nietzsche, *Le Livre du philosophe*, 1904 (posth.)

318 **« Dans la période de la victoire du socialisme *dans le monde entier*, quand le socialisme s'affermira et entrera dans les mœurs, les langues nationales devront infailliblement se fondre en une seule langue commune [...], qui sera une langue nouvelle. »**

Joseph Staline, *Deux Bilans*, 1953.

▶ Langage et pensée

319 **Socrate conçoit la pensée comme : « Un discours que l'âme se tient à elle-même sur les objets qu'elle examine. »**

Platon, *Théétète*, IVe s. av. J.-C.

320 **« Les sons émis par la voix sont les symboles des états de l'âme, et les mots écrits les symboles des mots émis par la voix. »**

Aristote, *De l'Interprétation*, IVe s. av. J.-C.

321 **« Selon que notre idée est plus ou moins obscure,**
L'expression la suit, ou moins nette, ou plus pure.
Ce que l'on conçoit bien s'énonce clairement,
Et les mots pour le dire arrivent aisément. »

Boileau, *L'Art poétique*, 1674.

322 **« On croit ordinairement [...] que ce qu'il y a de plus haut, c'est l'ineffable. Mais c'est là une opinion superficielle et sans**

fondement ; car, en réalité, l'ineffable, c'est la pensée obscure, la pensée à l'état de fermentation, et qui ne devient claire que lorsqu'elle trouve le mot juste. »

Hegel, *La Phénoménologie de l'Esprit*, 1807.

Pour Hegel, il n'y a pas de pensée véritable hors du langage. « C'est dans les mots que nous pensons », dit-il plus haut ; par les mots, le sujet pensant *objective* en quelque sorte ses pensées et les rend accessibles à sa propre conscience. ◆

323 **« La langue est [...] comparable à une feuille de papier : la pensée est le recto et le son le verso ; on ne peut découper le recto sans découper en même temps le verso. »**

Saussure, *Cours de linguistique générale*, 1916 (posth.)

324 **« Nous échouons à traduire entièrement ce que notre âme ressent : la pensée demeure incommensurable avec le langage. »**

Bergson, *Sur les données immédiates de la conscience*, 1889.

325 **« La pensée n'est rien d'intérieur, elle n'existe pas hors du monde et des mots. »**

Merleau-Ponty, *Phénoménologie de la perception*, 1945.

326 **« Le signe n'est pas l'enveloppe qu'un pur hasard attribuerait à la pensée, mais son organe nécessaire et essentiel. »**

Ernst Cassirer, *La Philosophie des formes symboliques*, 1923.

► Langage et connaissance

327 **« Voulez-vous apprendre les sciences avec facilité ? Commencez par apprendre votre langue. »**

Condillac, *Traité des systèmes*, 1749.

328 **« Le langage est le premier degré de l'effort vers la science. »**

Nietzsche, *Humain, trop humain*, 1878.

329 **« C'est ce qu'on peut *dire* qui délimite et organise ce qu'on peut penser. »**

Émile Benveniste, *Problèmes de linguistique générale*, 1966.

« Nous pensons un univers que notre langage a d'abord modelé », dit également Benveniste. Cela signifie que notre vision du monde est, d'une certaine manière, prédéterminée par la langue que nous parlons. Les peuples qui ne disposent que de trois ou quatre mots pour désigner les couleurs de la gamme chromatique appréhendent la réalité à travers un prisme qui est différent du nôtre. ◆

330 **« Ce dont on ne peut parler, il faut le taire. »**

Wittgenstein, *Tractatus logico-philosophicus*, 1921.

331 **« Les limites de mon langage signifient les limites de mon propre monde. »**

Wittgenstein, *Tractatus logico-philosophicus*, 1921.

332 **« Le langage reproduit le monde, mais en le soumettant à son organisation propre. »**

Émile Benveniste, *Problèmes de linguistique générale*, 1966.

▶ Le dire et le faire

333 **« Toute parole a le caractère d'un serment. Aussi dit-on admirablement *donner sa parole*. Et qui ne la tient pas se déshonore. »**

Louis Lavelle, *La Parole et l'Écriture*, 1942.

334 **« Acte "illocutoire" : il s'agit d'un acte effectué *en* disant quelque chose, par opposition à l'acte *de* dire quelque chose. »**

John L. Austin, *Quand dire, c'est faire*, 1962.

335 **« Quand je dis, à la mairie ou à l'autel, etc. "Oui, je le veux", je ne fais pas le reportage d'un mariage : je me marie. »**

John L. Austin, *Quand dire, c'est faire*, 1962.

► Y a-t-il un langage animal ?

336 **« Ce qui fait que les bêtes ne parlent point comme nous, est qu'elles n'ont aucune pensée, et non point que les organes leur manquent. »**

Descartes, Lettre au Marquis de Newcastle, 1646.

337 **« Les pies et les perroquets peuvent proférer des paroles ainsi que nous, et toutefois ne peuvent parler ainsi que nous, c'est-à-dire en témoignant qu'ils pensent ce qu'ils disent. »**

Descartes, *Discours de la méthode*, 1637.

338 **« Le mode de communication employé par les abeilles [...] n'est pas un langage, c'est un code de signaux. »**

Émile Benveniste, *Problèmes de linguistique générale*, 1966.

Puisque les abeilles ne dialoguent pas, que leurs messages ne se laissent pas décomposer en éléments constitutifs et qu'ils se rapportent exclusivement à la nourriture, c'est de façon impropre qu'on parle à leur propos de *langage*. ◆

339 **« On ne doit pas confondre les paroles avec les mouvements naturels, qui témoignent des passions, et peuvent être imités par des machines aussi bien que par les animaux. »**

Descartes, *Discours de la méthode*, 1637.

2. LA RAISON, L'IRRATIONNEL

L'homme : un animal rationnel

340 **« Je vois, par exemple, que 2 fois 2 font 4, et qu'il faut préférer son ami à son chien, et je suis certain qu'il n'y a point d'homme au monde qui ne le puisse voir aussi bien que moi. »**
Malebranche, *De la recherche de la vérité*, 1674-1675.

341 **« Le bon sens est la chose du monde la mieux partagée. »**
Descartes, *Discours de la méthode*, 1637.

342 **« La puissance de bien juger et distinguer le vrai d'avec le faux, qui est proprement ce qu'on nomme le bon sens ou la raison, est naturellement égale en tous les hommes. »**
Descartes, *Discours de la méthode*, 1637.

343 **« La connaissance des vérités nécessaires et éternelles est ce qui nous distingue des simples animaux et nous fait avoir la raison et les sciences, en nous élevant à la connaissance de nous-mêmes et de Dieu. »**
Leibniz, *La Monadologie*, 1721 (posth.)

Raison et calcul

344 **« La *Raison* n'est que le calcul (c'est-à-dire l'addition et la soustraction) des conséquences des dénominations générales dont nous avons convenu pour *noter* et *signifier* nos pensées. »**
Hobbes, *Léviathan*, 1651.

345 **« La rationalité est de plus en plus assimilée "more mathematico" à la faculté de quantifier. Aussi justement que cela**

rende compte du primat d'une science de la nature triomphante, aussi peu cela réside-t-il dans le concept de la ratio en soi. »

Adorno, *Dialectique négative*, 1966.

On n'a que trop tendance à réduire, *more mathematico*, « suivant la tradition mathématique » la raison à la raison mathématique, qui porte non sur les qualités, mais sur les quantités. Or, d'après Adorno, le concept de *ratio* (« raison » en latin) s'applique d'abord à nos jugements, à nos actions, à nos œuvres d'art – lesquels ne sont guère quantifiables. ◆

▶ La raison, faculté des principes

346 **« Il est impossible que le même attribut appartienne et n'appartienne pas en même temps au même sujet et sous le même rapport [...]. Voilà le plus ferme de tous les principes. »**

Aristote, *La Métaphysique*, IVe s. av. J.-C.

On aura reconnu ici le principe de non-contradiction, qui m'interdit de concevoir et d'affirmer que dans le même temps, une même chose est et n'est pas. Ainsi il est logiquement impossible qu'au même moment et au même endroit, il pleuve et il ne pleuve pas. ◆

347 **« Nous distinguerons ici la raison de l'entendement, en la nommant *le pouvoir des principes.* »**

Kant, *Critique de la raison pure*, 1781.

Chez Kant en effet, l'entendement est « le pouvoir des connaissances » (c'est-à-dire la faculté de relier et d'ordonner le divers sensible par une synthèse), tandis qu'à un niveau supérieur, la raison désigne « le pouvoir des principes » (c'est-à-dire la faculté de relier et d'ordonner les diverses connaissances en un système). Ainsi la raison ne peut connaître par elle-même ; elle ne se rapporte jamais directement aux objets de l'expérience, mais aux connaissances élaborées par l'entendement humain. ◆

348 **« Si nous disons de l'entendement qu'il est le pouvoir de ramener les phénomènes à l'unité au moyen des règles, il faut dire de la raison qu'elle est la faculté de ramener à l'unité les règles de l'entendement au moyen de principes. »**

Kant, *Critique de la raison pure*, 1781.

349 **« La raison ne se définit pas comme un ensemble de principes ; elle est la *puissance d'opérer selon des règles* ; elle est essentiellement une *activité*. »**

Ullmo, *La Pensée scientifique moderne*, 1969.

▶ Exemple du principe de causalité

350 **D'après le « principe de la raison suffisante, [...] aucun fait ne saurait se trouver vrai, ou existant, aucune énonciation véritable, sans qu'il y ait une raison suffisante, pour qu'il en soit ainsi et non pas autrement ».**

Leibniz, *La Monadologie*, 1721 (posth.)

351 **« Le principe de causalité énonce que tout ce qui arrive a une cause, et que les mêmes causes produisent les mêmes effets. »**

Robert Blanché, *La Science actuelle et le rationalisme*, 1967.

352 **« La connaissance du rapport qui est entre la cause et l'effet [...] est uniquement due à l'expérience, qui nous montre certains objets dans une conjonction constante. »**

Hume, *Enquête sur l'entendement humain*, 1748.

353 **« L'idée de cause et d'effet est dérivée de l'expérience qui, nous présentant certains objets constamment unis, produit en nous une telle habitude de les envisager dans cette relation, que nous ne pouvons plus [...] les envisager dans une autre. »**

Hume, *Traité de la nature humaine*, 1740.

Les limites de la raison humaine

354 **« Ce qui est rationnel est réel, et ce qui est réel est rationnel. »**

Hegel, *Principes de la philosophie du droit*, 1821.

Hegel proclame ici la rationalité du devenir historique. Rien au monde n'est inintelligible ou incompréhensible ; on peut trouver une explication, une raison à tout.

355 **« Tout ce qui est réel est irrationnel, tout ce qui est irrationnel est réel. »**

Denis Huisman, *L'Âge du faire*, 1994.

356 **« La raison humaine a cette destinée singulière [...] d'être accablée de questions qu'elle ne saurait éviter, car elles lui sont imposées par sa nature même, mais auxquelles elle ne peut répondre, parce qu'elles dépassent totalement le pouvoir de la raison humaine. »**

Kant, *Critique de la raison pure*, 1781.

357 **« La dernière démarche de la raison est de reconnaître qu'il y a une infinité de choses qui la surpassent ; elle n'est que faible, si elle ne va jusqu'à connaître cela. »**

Pascal, *Pensées*, 1670 (posth.)

358 **« Nous voguons sur un milieu vaste, toujours incertains et flottants, poussés d'un bout vers l'autre. Quelque terme où nous pensions nous attacher et nous affermir, il branle et nous quitte ; et si nous le suivons, il échappe à nos prises, nous glisse et fuit d'une fuite éternelle. »**

Pascal, *Pensées*, 1670 (posth.)

▶ Du bon usage de sa propre raison

359 **« Par méthode, j'entends des règles certaines et faciles, grâce auxquelles tous ceux qui les observent exactement ne supposeront jamais vrai ce qui est faux, et parviendront [...] à la connaissance vraie de tout ce qu'ils peuvent atteindre. »**
Descartes, *Règles pour la direction de l'esprit*, 1701 (posth.)

360 **« Ce n'est pas assez d'avoir l'esprit bon, mais le principal est de l'appliquer bien. »**
Descartes, *Discours de la méthode*, 1637.

361 **« Deux excès : exclure la raison, n'admettre que la raison. »**
Pascal, *Pensées*, 1670 (posth.)

▶ Valeur de l'irrationnel

362 **« L'illogique tient si solidement au fond des passions, du langage, de l'art, de la religion, et généralement de tout ce qui confère quelque valeur à la vie, que l'on ne saurait l'en arracher sans par là même gâter ces belles choses irréparablement. »**
Nietzsche, *Humain, trop humain*, 1878.

363 **La déesse Folie : « D'où vient le charme des enfants, sinon de moi, qui leur épargne la raison, et, du même coup, le souci ? Dis-je vrai ? Quand ils grandissent, étudient et prennent l'usage de la vie, leur grâce se fane, leur vivacité languit, leur gaîté se refroidit, leur vigueur baisse. A mesure que l'homme m'écarte, il vit de moins en moins. »**
Érasme, *Éloge de la folie*, 1511.

364 **« J'ai une aversion irrationnelle pour la rationalisation de l'irrationnel. »**
Jean Rostand, *Pensées d'un biologiste*, 1939.

Que faire du fou ?

365 **« Les hommes sont si nécessairement fous, que ce serait être fou par un autre tour de folie, de n'être pas fou. »**

Pascal, *Pensées*, 1670 (posth.)

366 **« Comme nous appelons folie la conjonction de l'illusion, de la démesure, de l'instabilité, de l'incertitude entre réel et imaginaire, de la confusion entre subjectif et objectif, de l'erreur, du désordre, nous sommes contraints de voir l'*homo sapiens* comme *homo demens*. »**

Edgar Morin, *Le Paradigme perdu: la nature humaine*, 1973.

367 **« [L'être de l'homme] ne serait pas l'être de l'homme s'il ne portait en lui la folie comme la limite de sa liberté. »**

Lacan, *Écrits II*, 1966.

368 **« Ce n'est pas en enfermant son voisin qu'on se convainc de son propre bon sens. »**

Dostoïevski, *Journal d'un écrivain*, 1873-1881.

369 **« Il faut faire l'histoire de cet autre tour de folie, – de cet autre tour par lequel les hommes, dans le geste de raison souveraine qui enferme leur voisin, communiquent et se reconnaissent à travers le langage sans merci de la non-folie. »**

Foucault, *Histoire de la folie à l'âge classique*, 1961.

3. LE JUGEMENT, L'IDÉE

▶ Idées, concepts, jugements

370 **« J'appelle généralement du nom d'idée tout ce qui est dans notre esprit, lorsque nous concevons une chose, de quelque manière que nous la concevions. »**

Descartes, Lettre à Mersenne, juillet 1641.

371 **« Je conçois une *idée* […], sorte de clef pour déchiffrer le monde, schème de dévoilement, entreprise, projet de compréhension. »**

Sartre, *Cahiers pour une morale*, 1983 (posth.)

372 **« Le *concept* est la totalité des déterminations, rassemblées en leur simple unité. »**

Hegel, *Propédeutique philosophique*, 1840 (posth.)

373 **« Le jugement en général est la faculté de penser le particulier comme compris sous l'universel. »**

Kant, *Critique de la faculté de juger*, 1790.

374 **« Je ne nie pas l'utilité des idées abstraites et générales, pas plus que je ne conteste la valeur des billets de banque. Mais de même que le billet de banque n'est qu'une promesse d'or, ainsi une conception ne vaut que par les perceptions éventuelles qu'elle représente. »**

Bergson, *La Pensée et le Mouvant*, 1934.

Conditions de la connaissance

375 **« Si, dans le flux perpétuel qui emporte tout, rien ne demeurait fixe ni ne gardait éternellement son être, le monde cesserait d'être connaissable et tout se perdrait dans la confusion. »**
Gottlob Frege, *Les Fondements de l'arithmétique*, 1884.

376 **« La séparation constitue à la fois la condition et l'infirmité de la connaissance. »**
Edgar Morin, *La Connaissance de la Connaissance*, 1986.

Jugements de fait, jugements de valeur

377 **« Quand nous disons que les corps sont pesants, que le volume des gaz varie en raison inverse de la pression qu'ils subissent, nous formulons des jugements qui se bornent à exprimer des faits donnés. Ils énoncent ce qui est et, pour cette raison, on les appelle jugements d'existence ou de réalité. »**
Durkheim, *Sociologie et Philosophie*, 1924.

378 **« D'autres jugements ont pour objet de dire non ce que sont les choses, mais ce qu'elles valent par rapport à un sujet conscient, le prix que ce dernier y attache : on leur donne le nom de jugements de valeur. »**
Durkheim, *Sociologie et Philosophie*, 1924.

Induction et déduction

379 **« L'induction, c'est le passage des cas particuliers à l'universel. »**
Aristote, *Les Topiques*, IVe s. av. J.-C.

L'*induction* désigne traditionnellement l'opération mentale qui consiste à remonter de la constatation d'un ou de plusieurs faits à la loi de tous les faits du même genre ou, suivant l'expression consacrée, du particulier au général. ◆

380 **« Quand nous voyons un effet arriver toujours de même, nous en concluons une nécessité naturelle, comme qu'il sera jour demain, etc. Mais souvent la nature nous dément, et ne s'assujettit pas à ses propres règles. »**

Pascal, *Pensées*, 1670 (posth.)

381 **« Une oie entend tous les jours les pas du fermier qui vient la nourrir. Elle en déduit la loi suivante : "Les pas du fermiers impliquent l'arrivée de la nourriture". Malheureusement, un matin, le fermier vient lui tordre le cou. Du danger d'induire une loi générale à partir d'observations particulières. »**

Jarrosson, *Invitation à la philosophie des sciences*, 1992.

382 **« L'induction, à savoir une inférence fondée sur la multiplicité des observations, est un mythe. »**

Popper, *Conjectures et Réfutations*, 1963.

383 **Déduction : « Opération par laquelle nous entendons tout ce qui se conclut nécessairement d'autres choses connues avec certitude. »**

Descartes, *Règles pour la direction de l'esprit*, 1701 (posth.)

▶ Évidence et préjugé

384 **« Qui a une idée vraie sait en même temps qu'il a une idée vraie, et ne peut douter de la vérité de la chose. »**

Spinoza, *Éthique*, 1677 (posth.)

385 **« Nous ne prendrons jamais le faux pour le vrai tant que nous ne jugerons que de ce que nous apercevons clairement et distinctement. »**

Descartes, *Principes de la philosophie*, 1644.

386 **« Descartes n'ayant point mis d'enseigne à l'hôtel de l'évidence, chacun se croit en droit d'y loger son opinion. »**

Helvétius, *De l'Esprit*, 1758.

387 **« L'évidence est le caractère (ou signe ou critérium) d'une vérité clairement et distinctement conçue qui s'impose à l'esprit. »**

Lagneau, *Célèbres Leçons et Fragments*, 1950 (posth.)

388 **« Toute vérité nouvelle naît malgré l'évidence. »**

Bachelard, *Le Nouvel Esprit scientifique*, 1934.

389 **Préjugé : « Ce qui est jugé d'avance, c'est-à-dire avant qu'on se soit instruit. Le préjugé fait qu'on s'instruit mal. »**

Alain, *Définitions*, 1953 (posth.)

390 **« Pour ce que nous avons tous été enfants avant que d'être hommes, et qu'il nous a fallu longtemps être gouvernés par nos appétits et nos précepteurs [...], il est presque impossible que nos jugements soient si purs ni si solides qu'ils auraient été si nous avions eu l'usage entier de notre raison dès le point de notre naissance. »**

Descartes, *Discours de la méthode*, 1637.

▶ Le doute

391 **« Douter, c'est examiner, c'est démonter et remonter les idées comme des rouages, sans prévention et sans précipitation, contre la puissance de croire qui est formidable en chacun de nous. »**

Alain, *Propos* du 8 juin 1912.

392 **Socrate : « Je suis plus sage que cet homme-là. Il se peut qu'aucun de nous deux ne sache rien de beau ni de bon ; mais lui croit savoir quelque chose, alors qu'il ne sait rien, tandis que moi, si je ne sais pas, je ne crois pas non plus savoir. »**

Platon, *Apologie de Socrate*, IVe s. av. J.-C.

393 **« La formule "je suspends mon jugement" signifie pour nous que le sujet est incapable de dire à quelle chose il convient d'accorder ou au contraire de refuser sa créance. »**
Sextus Empiricus, *Hypotyposes pyrrhoniennes*, IIe-IIIe s.

394 **« Je pensai qu'il fallait [...] que je rejetasse comme absolument faux tout ce en quoi je pourrais imaginer le moindre doute, afin de voir s'il ne resterait point, après cela, quelque chose en ma créance qui fût entièrement indubitable. »**
Descartes, *Discours de la méthode*, 1637.

395 **« Je nie que nous ayons le libre pouvoir de suspendre notre jugement. Car, lorsque nous disons qu'on suspend son jugement, nous ne disons rien d'autre sinon qu'on voit qu'on ne perçoit pas une chose de façon adéquate. »**
Spinoza, *Éthique*, 1677 (posth.)

396 **« Qui voudrait douter de tout n'irait pas même jusqu'au doute. Le jeu du doute lui-même présuppose la certitude. »**
Wittgenstein, *De la certitude*, 1969 (posth.)

▶ Dangers du relativisme

397 **« A tout argument s'oppose un égal argument. »**
Sextus Empiricus, *Hypotyposes pyrrhoniennes*, IIe-IIIe s.

398 **« L'homme est la mesure de toutes choses. »**
Protagoras (Ve s. av. J.-C.), cité par Platon dans le *Théétète*.

Cette formule signifie que tout jugement est relatif à l'individu qui le porte. Si l'homme est la mesure de toutes choses, il n'y a ni valeur ni vérité universelles. Chacun est juge « de toutes choses », de ce qui existe et de ce qui n'existe pas, du vrai et du faux, du bien et du mal, etc. « Telle une chose m'apparaît, telle elle est pour moi », commente Socrate. Protagoras érige ainsi la subjectivité individuelle en fondement de toute valeur. Mais Socrate le montrera, ce relativisme absolu est intenable. ◆

399 **Socrate : « La vérité de Protagoras n'est vraie pour personne, ni pour tout autre que lui, ni pour lui. »**

Platon, *Théétète*, IVe s. av. J.-C.

En effet, si « l'homme est la mesure de toutes choses », il l'est aussi de la vérité de la formule elle-même. Celui qui la juge vraie doit, en vertu même du principe qu'elle énonce, reconnaître qu'elle peut être jugée fausse. Le relativisme de Protagoras se contredit lui-même. ◆

400 **« Quand le sens commun fait appel au sentiment, son oracle intérieur, il en a fini avec quiconque n'est pas de son avis, il doit déclarer qu'il n'a rien de plus à dire à celui qui ne trouve pas et ne sent pas la même chose en soi-même. »**

Hegel, Préface à la *Phénoménologie de l'Esprit*, 1807.

▶ L'idéalisme

401 **« Semblable à Mercure, le conducteur des âmes, l'Idée est en vérité ce qui mène les peuples et le monde. »**

Hegel, *La Raison dans l'histoire*, 1837 (posth.)

402 **« L'idéalisme consiste à affirmer qu'il n'y a pas d'autres êtres que des êtres pensants ; le reste des choses que nous croyons percevoir dans l'intuition ne seraient que des représentations dans les êtres pensants, auxquelles ne correspondrait en fait aucun objet situé à l'extérieur. »**

Kant, *Prolégomènes à toute métaphysique future*, 1783.

403 **« On appelle *idéalistes* ces philosophes qui, n'ayant conscience que de leur existence et des sensations qui se succèdent au-dedans d'eux-mêmes, n'admettent pas autre chose : système extravagant qui ne pouvait, ce me semble, devoir sa naissance qu'à des aveugles. »**

Diderot, *Lettre sur les aveugles*, 1749.

404 **« Tout idéalisme m'est étranger : le titre de mon livre [*Humain, trop humain*] veut dire ceci : "Là où *vous autres* voyez des choses idéales, *moi* je vois... des choses humaines, hélas ! trop humaines !" »**

Nietzsche, *Ecce Homo*, 1908 (posth.)

4. L'IMAGINATION

Image et imagination

405 « L'imagination ne consiste que dans la force qu'a l'âme de se former des images des objets, en les imprimant, pour ainsi dire, dans les fibres de son cerveau. »

Malebranche, *De la recherche de la vérité*, 1674-1675.

406 « Si je veux penser à un chiliogone, je conçois bien à la vérité que c'est une figure composée de mille côtés [...] ; mais je ne puis pas imaginer les mille côtés d'un chiliogone, comme je fais les trois d'un triangle, ni, pour ainsi dire, les regarder comme présents avec les yeux de mon esprit. »

Descartes, *Méditations métaphysiques*, 1641.

407 « L'image [...] c'est une certaine façon qu'a l'objet de paraître à la conscience, ou, si l'on préfère, une certaine façon qu'a la conscience de se donner un objet. »

Sartre, *L'Imaginaire*, 1940.

408 « Ce Pierre que je puis toucher, je pose en même temps que je ne le touche pas. Mon image de lui, c'est une certaine façon de ne pas le toucher, de ne pas le voir, une façon qu'il a de *ne pas être* à telle distance, dans telle position. »

Sartre, *L'Imaginaire*, 1940.

409 « Si vive, si touchante que soit une image, elle donne son objet comme n'étant pas là. »

Sartre, *L'Imaginaire*, 1940.

410 « Le vocable fondamental qui correspond à l'imagination, ce n'est pas image, c'est imaginaire. »

Bachelard, *L'Air et les Songes*, 1943.

▶ L'imagination, puissance trompeuse

411 **« L'imagination est la folle du logis. »**
Malebranche, *De la Recherche de la vérité*, 1674-1675.

412 **« Imagination – C'est cette partie dominante dans l'homme, cette maîtresse d'erreur et de fausseté, et d'autant plus fourbe qu'elle ne l'est pas toujours. »**
Pascal, *Pensées*, 1670 (posth.)

413 **« Les hommes jugent des choses selon la disposition de leur cerveau et les imaginent plutôt qu'ils ne les connaissent. »**
Spinoza, *Éthique*, 1677 (posth.)

414 **« Il est vraisemblable que le principal crédit des miracles, des visions, des enchantements et de tels effets extraordinaires, vienne de la puissance de l'imagination agissant principalement contre les âmes du vulgaire, plus molles. »**
Montaigne, *Essais*, 1580-1588.

415 **« Qu'on loge un philosophe dans une cage de menus filets de fer clairsemés, qui soit suspendue au haut des tours Notre-Dame de Paris, il verra par raison évidente qu'il est impossible qu'il en tombe, et pourtant, il ne se saurait garder [...] que la vue de cette hauteur extrême ne l'épouvante et ne le transisse. »**
Montaigne, *Essais*, 1580-1588.

▶ Pouvoirs de l'imagination

416 **Imagination : « Cette superbe puissance, ennemie de la raison, qui se plaît à la contrôler et à la dominer [...], a établi dans l'homme une seconde nature. »**
Pascal, *Pensées*, 1670 (posth.)

417 **« L'imagination dispose de tout ; elle fait la beauté, la justice, et le bonheur, qui est le tout du monde. »**

Pascal, *Pensées*, 1670 (posth.)

418 **« La jouissance et la possession appartiennent principalement à l'imagination. Elle embrasse plus chaudement ce qu'elle va quérir que ce que nous touchons, et plus continuellement. »**

Montaigne, *Essais*, 1580-1588.

419 **« Imaginer, c'est [...] hausser le réel d'un ton. »**

Bachelard, *L'Air et les Songes*, 1943.

420 **L'imagination est « la grande fonction "irréalisante" de la conscience ».**

Sartre, *L'Imaginaire*, 1940.

421 **« L'homme a inventé le pouvoir des choses absentes – par quoi il s'est rendu "puissant et misérable" ; mais enfin, ce n'est que par elles qu'il est *homme.* »**

Valéry, *Tel quel*, 1941.

422 **« L'IMAGINATION est le pouvoir de se représenter dans l'intuition un objet *même en son absence.* »**

Kant, *Critique de la raison pure*, 1781.

Création ou reproduction ?

423 **« Le temple se souvient du temple, et l'ornement se souvient du trophée, et le carrosse se souvient de la chaise à porteurs. Qui n'imite point n'invente point. »**

Alain, *Propos* du 20 octobre 1922.

424 **« Les peintres, lors même qu'ils s'étudient avec le plus d'artifice à représenter des sirènes et des satyres par des figures**

bizarres et extraordinaires, ne peuvent toutefois leur donner des formes et des natures entièrement nouvelles, mais font seulement un certain mélange et composition des membres de divers animaux. »

Descartes, *Méditations métaphysiques*, 1641.

425 **« On veut toujours que l'imagination soit la faculté de *former* des images. Or elle est plutôt la faculté de *déformer* les images fournies par la perception, [...] de *changer* les images. »**

Bachelard, *L'Air et les Songes*, 1943.

426 **« Pour nous, l'image perçue et l'image créée sont deux instances psychiques très différentes et il faudrait un mot spécial pour désigner l'*image imaginée.* »**

Bachelard, *La Terre et les Rêveries de la volonté*, 1948.

427 **« Notre imagination [est] comme un orgue de Barbarie détraqué qui joue toujours autre chose que l'air indiqué. »**

Proust, *Le Côté de Guermantes*, 1920.

▶ Imagination et liberté

428 **« Par l'imagination nous abandonnons le cours ordinaire des choses. [...] Imaginer c'est s'absenter, c'est s'élancer vers une vie nouvelle. »**

Bachelard, *L'Air et les Songes*, 1943.

429 **« Grâce à l'*imaginaire*, l'imagination est essentiellement *ouverte, évasive*. Elle est dans le psychisme humain l'expérience même de l'*ouverture*, l'expérience même de la *nouveauté*. »**

Bachelard, *L'Air et les Songes*, 1943.

430 **« L'imagination [...], c'est la conscience tout entière en tant qu'elle réalise sa liberté. »**

Sartre, *L'Imaginaire*, 1940.

431 **« Rien n'est plus libre que l'imagination humaine ; bien qu'elle ne puisse déborder le stock primitif des idées fournies par les sens externes et internes, elle a un pouvoir illimité de mêler, composer, séparer et diviser ces idées dans toutes les variétés de la fiction et de la rêverie. »**

Hume, *Enquête sur l'entendement humain*, 1748.

5. LA PERCEPTION

Sentir, percevoir, juger

432 **Sensation : « Donnée psychique, presque impossible à saisir dans sa pureté, mais dont on s'approche comme d'une limite : ce serait l'état brut et immédiat conditionné par une excitation physiologique susceptible de produire une modification consciente. »**

André Lalande, *Vocabulaire de la philosophie*, 1926.

433 **Perception : « Acte par lequel un individu, organisant immédiatement ses sensations présentes, les interprétant et les complétant par des images et des souvenirs [...], s'oppose un objet. »**

André Lalande, *Vocabulaire de la philosophie*, 1926.

434 **« Je ne manque pas de dire que je vois des hommes [...] ; et cependant que vois-je de cette fenêtre, sinon des chapeaux et des manteaux qui pourraient couvrir des machines artificielles qui ne se remueraient que par ressorts ? »**

Descartes, *Méditations métaphysiques*, 1641.

Quand je vois, par la fenêtre, des hommes marcher dans la rue, je ne perçois à proprement parler que « des chapeaux et des manteaux », non les hommes qu'ils sont censés abriter. Ainsi, cette « vision » est loin d'être une sensation à l'état brut ; c'est déjà un jugement de mon esprit. ◆

435 **« Je ne touche pas ce dé cubique. Non. Je touche successivement des arêtes, des pointes, des plans durs et lisses, et réunissant toutes ces apparences en un seul objet, je juge que cet objet est cubique. »**

Alain, *Éléments de philosophie*, 1941.

La perception d'un cube par le toucher n'est pas l'œuvre du toucher, mais l'œuvre du jugement, qui procède à la synthèse des diverses sensations tactiles et qui pose l'objet comme pouvant se ramener à l'idée de cube. ◆

436 **« Le ciel étoilé que nous fait connaître la sensation visuelle est à l'intérieur de nous. Le ciel étoilé extérieur auquel nous croyons est inféré. »**

Bertrand Russell, *Histoire de mes idées philosophiques*, 1961.

437 **« Dans la perception nous ne pensons pas l'objet et nous ne pensons pas le pensant, nous sommes à l'objet et nous nous confondons avec ce corps qui en sait plus que nous sur le monde, sur ses motifs et les moyens qu'on a d'en faire la synthèse. »**

Merleau-Ponty, *Phénoménologie de la perception*, 1945.

438 **« Quand je perçois, je ne pense pas le monde, il s'organise devant moi. »**

Merleau-Ponty, *Sens et Non-sens*, 1948.

▶ Nos sens nous trompent-ils ?

439 **« Tout ce que j'ai reçu jusqu'à présent pour le plus vrai et le plus assuré, je l'ai appris des sens, ou par les sens : or j'ai quelquefois éprouvé que ces sens étaient trompeurs, et il est de la prudence de ne se fier jamais entièrement à ceux qui nous ont une fois trompés. »**

Descartes, *Méditations métaphysiques*, 1641.

440 **« Si donc on peut dire justement que les sens ne se trompent pas, ce n'est point parce qu'ils jugent toujours juste, mais parce qu'ils ne jugent pas du tout. »**

Kant, *Critique de la raison pure*, 1781.

441 **« Quel témoignage a plus de valeur que celui des sens ? Dira-t-on que s'ils nous trompent, c'est la raison qui aura mission de les contredire, elle qui est sortie d'eux tout entière ? Nous trompent-ils, alors la raison tout entière est mensonge. »**

Lucrèce, *De la Nature*, Ier s. av. J.-C.

442 **« Les sens ne mentent pas, en tant qu'ils montrent le devenir, la disparition, le changement. »**

Nietzsche, *Crépuscule des idoles*, 1889.

▶ Le sensible et l'intelligible

443 **Les choses sensibles, « on peut les toucher, les voir et les saisir par les autres sens ; au contraire, celles qui sont toujours les mêmes on ne peut les saisir par aucun autre moyen que par un raisonnement de l'esprit, les choses de ce genre étant invisibles et hors de la vue ».**

Platon, *Phédon*, IVe s. av. J.-C.

444 **« Au sommet du monde intelligible est l'Idée du bien, qu'on aperçoit avec peine, mais qu'on ne peut apercevoir sans conclure qu'elle est la cause de tout ce qu'il y a de droit et de beau. »**

Platon, *La République*, IVe s. av. J.-C.

445 **« Sache que le monde est double : un monde spirituel et un monde corporel, ou, si tu préfères, intelligible et sensible, ou encore supérieur et inférieur. »**

Al-Ghazali, *Le Tabernacle des lumières*, fin du XIe s.

446 **« L'objet de la sensibilité est le sensible ; ce dont le contenu ne peut être saisi que par l'intelligence est l'intelligible. »**

Kant, *Dissertation de 1770*, 1770.

447 **« Le monde "apparent" est l'unique monde ; c'est un mensonge que d'y ajouter le "monde vrai". »**

Nietzsche, *La Naissance de la philosophie*, 1903 (posth.)

▶ Perception et existence

448 **« A cause que c'est l'âme qui voit, et non pas l'œil, et qu'elle ne voit immédiatement que par l'entremise du cerveau, de là vient que les frénétiques, et ceux qui dorment, voient souvent, ou pensent voir, divers objets qui ne sont point pour cela devant leurs yeux. »**

Descartes, *La Dioptrique*, 1637.

449 **« Ce qu'on raconte de l'existence absolue de choses non pensantes, sans rapport avec le fait qu'on les perçoit, cela semble parfaitement inintelligible. Leur *esse* est *percipi*, et il est impossible qu'elles aient une existence hors des esprits ou choses pensantes qui les perçoivent. »**

Berkeley, *Principes de la connaissance humaine*, 1710.

Esse est percipi : être, c'est être perçu. Pour l'empiriste Berkeley, les choses n'existent que dans la mesure où l'on peut les percevoir. Aussi Berkeley refuse-t-il d'admettre l'existence des idées abstraites, comme les idées de mouvement ou de matière. ◆

450 **« Qu'une chose puisse être réellement perçue par mes sens, et en même temps ne pas exister réellement, c'est pour moi une franche contradiction ; car je ne peux séparer ni abstraire, même en pensée, l'existence d'une chose de la perception qu'on en a. »**

Berkeley, *Trois Dialogues entre Hylas et Philonoüs*, 1713.

▶ Sens et connaissance

451 **« L'esprit est une espèce de théâtre où différentes perceptions font successivement leur apparition, passent, repassent, s'écoulent et se mêlent en une infinité de situations et de positions. »**

Hume, *Traité de la nature humaine*, 1739-1740.

452 **« Il est clair que si un sens vient à faire défaut, nécessairement une science disparaît, qu'il est impossible d'acquérir. »**

Aristote, *Seconds Analytiques*, IVe s. av. J.-C.

453 **« Il n'est pas possible [...] d'acquérir par la sensation une connaissance scientifique. [...] Car la sensation porte nécessairement sur l'individuel, tandis que la science consiste dans la connaissance universelle. »**

Aristote, *Seconds Analytiques*, IVe s. av. J.-C.

6. LA SCIENCE

A quoi reconnaît-on une science ?

454 **« Nous estimons posséder la science d'une chose d'une manière absolue [...] quand nous croyons que nous connaissons la cause par laquelle la chose est, que nous savons que cette cause est celle de la chose, et qu'en outre il n'est pas possible que la chose soit autre qu'elle n'est. »**

Aristote, *Seconds Analytiques*, IVe s. av. J.-C.

455 **« Le critère de la scientificité d'une théorie réside dans la possibilité de l'invalider, de la réfuter ou encore de la tester. »**

Karl Popper, *Conjectures et Réfutations*, 1963.

Il s'agit du critère de falsifiabilité, d'après lequel une théorie n'est scientifique que si elle peut être infirmée (ou « falsifiée ») par l'expérience. ◆

456 **« Une théorie qui n'est réfutable par aucun événement qui se puisse concevoir est dépourvue de caractère scientifique. Pour les théories, l'irréfutabilité n'est pas [...] vertu mais défaut. »**

Karl Popper, *Conjectures et Réfutations*, 1963.

Science et opinion

457 **« Quand il se présente à la culture scientifique, l'esprit n'est jamais jeune. Il est même très vieux, car il a l'âge de ses préjugés. »**

Bachelard, *La Formation de l'esprit scientifique*, 1938.

C'est dans l'esprit même du sujet connaissant qu'il faut chercher les obstacles à la connaissance scientifique. Bachelard souligne que face au réel, l'esprit humain ne peut aucunement faire « table rase » de ce qu'il a appris, de ce qu'il croit savoir. Ainsi l'on connaît toujours « contre une connaissance antérieure ». ◆

458 **« La science et son objet diffèrent de l'opinion et de son objet, en ce que la science est universelle et procède par des propositions nécessaires [...]. L'opinion s'applique à ce qui, étant vrai ou faux, peut être autrement qu'il n'est. »**

Aristote, *Seconds Analytiques*, IVe s. av. J.-C.

L'opinion désigne la connaissance commune, qui n'est que vraisemblable (elle peut être vraie, mais elle peut tout aussi bien être fausse). La science, en revanche, est la connaissance du nécessaire, c'est-à-dire de ce qui ne peut être autrement qu'il n'est. Seule la science, par conséquent, peut prétendre à la vérité. ◆

459 **« La science, dans son besoin d'achèvement comme dans son principe, s'oppose absolument à l'opinion. »**

Bachelard, *La Formation de l'esprit scientifique*, 1938.

460 **« Pour un esprit scientifique, [...] rien ne va de soi. Rien n'est donné. « Tout est construit. »**

Bachelard, *La Formation de l'esprit scientifique*, 1938.

▶ L'observation

461 **« La raison ne voit que ce qu'elle produit elle-même d'après ses propres plans et [...] elle doit obliger la nature à répondre à ses questions et ne pas se laisser conduire pour ainsi dire en laisse par elle ; car autrement, faites au hasard et sans aucun plan tracé d'avance, nos observations ne se rattacheraient point à une loi nécessaire, chose que la raison demande et dont elle a besoin. »**

Kant, *Critique de la raison pure* (Préface 2e éd.), 1787.

Pour l'opinion commune, les savants commencent par observer la nature, puis ils tirent de ces observations des théories qu'ils soumettent ensuite à l'expérience. Kant réfute ici ce schéma, en montrant que dans le dialogue de l'homme avec la nature, c'est à l'homme qu'il revient de prendre l'initiative et de questionner la nature avec les hypothèses qu'il aura d'abord élaborées. ◆

462 **« L'observation scientifique est toujours une observation polémique ; elle confirme ou infirme une thèse antérieure, un schéma préalable, un plan d'observation ; [...] elle reconstruit le réel après avoir reconstruit ses schémas. »**

Bachelard, *Le Nouvel Esprit scientifique*, 1934.

Observer n'est pas voir. L'observateur en effet ne se borne pas à contempler passivement la nature, les sens en alerte, prêt à saisir le fait qui pourra faire l'objet d'une nouvelle théorie. L'observation scientifique exige au contraire la participation de l'esprit, qui ne s'instruit qu'auprès des objets qu'il a préalablement construits. ◆

463 **« Il y a des thermomètres à ce point sensibles qu'il faut lire le degré, au dixième près, dès qu'on les découvre ; car la seule haleine et même l'approche de notre corps les fait bondir d'un dixième ou deux. »**

Alain, *Propos* du 7 octobre 1923.

464 **« Ce que nous observons, ce n'est pas la Nature en soi, mais la nature exposée à notre méthode d'investigation. »**

Werner Heisenberg, *Physique et Philosophie*, 1961.

En physique comme dans les sciences humaines, l'observateur influe largement sur l'objet qu'il observe, et cela indépendamment de la précision de ses appareils de mesure. Ainsi, pour localiser une particule élémentaire (un électron, par exemple), il faut l'éclairer ; or, le simple fait d'éclairer cette particule, de la « bombarder » de photons, entraîne une déviation de sa trajectoire et une modification de sa vitesse. ◆

▶ Théorie et expérience

465 **« L'accord avec l'expérience est, pour une théorie physique, l'unique criterium de vérité. »**

Pierre Duhem, *La Théorie physique, son objet, sa structure*, 1906.

466 **« Toute l'initiative expérimentale est dans l'idée, car c'est elle qui provoque l'expérience. »**

Claude Bernard, *Introduction à l'étude de la médecine expérimentale*, 1865.

A l'origine de toute recherche scientifique, il y a une idée ou une hypothèse qui postule une relation de causalité entre divers phénomènes naturels, relation dont la réalité pourra être vérifiée au moyen de l'expérience. ◆

467 **« Pour être digne de ce nom, l'expérimentateur doit être à la fois théoricien et praticien. [...] Une main habile sans la tête qui la dirige est un instrument aveugle ; la tête sans la main qui réalise reste impuissante. »**

Claude Bernard, *Introduction à l'étude de la médecine expérimentale*, 1865.

468 **« Dans l'échange entre la théorie et l'expérience, c'est toujours la première qui engage le dialogue. C'est elle qui détermine la forme de la question, donc les limites de la réponse. »**

François Jacob, *La Logique du vivant*, 1970.

469 **« La méthode de la science est une méthode de conjectures audacieuses et de tentatives ingénieuses et sévères pour réfuter celles-ci. »**

Karl Popper, *La Connaissance objective*, 1972.

▶ La formation des concepts scientifiques

470 **« Les concepts opératoires d'espace et de temps, de masse et de force, de point matériel et d'énergie, d'atome ou d'éther sont de libres "simulacres" que la connaissance construit afin de se rendre maîtresse du monde de l'expérience sensible. »**

Ernst Cassirer, *La Philosophie des formes symboliques*, 1923.

471 **« Ce n'est qu'après un examen approfondi des phénomènes considérés que l'on peut saisir plus précisément les concepts scientifiques fondamentaux, et les modifier progressivement pour les rendre utilisables. »**

Freud, *Métapsychologie*, 1952 (posth.)

472 **« La nomenclature chimique ne saurait être définitive comme la table des déclinaisons d'une langue morte. Elle est sans cesse rectifiée, complétée, nuancée. Le langage de la science est en état de révolution sémantique permanente. »**

Bachelard, *Le Matérialisme rationnel*, 1953.

▶ L'empirisme

473 **« L'expérience : c'est là le fondement de toutes nos connaissances, et c'est de là qu'elles tirent leur première origine. »**

Locke, *Essai sur l'entendement humain*, 1690.

474 **« Toute connaissance est d'expérience. Entendez que celui qui voudrait ne consulter que son esprit et fermer tous ses sens ne pourrait rien penser du tout. »**

Alain, *Propos* du 3 février 1934.

475 **« Tout a été primitivement empirique et la théorie n'est venue que plus tard éclairer la pratique. L'empirisme n'est donc pas le contraire de la science ; c'est une période nécessaire qui précède la science et qui l'accompagne. »**

Claude Bernard, *Introduction à l'étude de la médecine expérimentale*, 1865.

476 **« Si toute notre connaissance débute AVEC l'expérience, cela ne prouve pas qu'elle dérive toute DE l'expérience. »**

Kant, *Critique de la raison pure*, 1781.

Pour Kant en effet, toute connaissance est un composé de ce que nous recevons par impressions sensibles et des conditions d'exercice de notre propre pouvoir de connaître. ◆

▶ Le déterminisme en question

477 **« Les phénomènes mêmes qui, en apparence, sont désordonnés et incertains, je veux dire les pluies, les nuages, les traits de la foudre arrachée aux nuages, [...] n'arrivent pas sans raison, tout imprévus qu'ils soient. »**

Sénèque, *De la Providence*, Ier s. apr. J.-C.

478 **« Une intelligence qui pour un instant donné connaîtrait toutes les forces dont la nature est animée et la situation respective des êtres qui la composent [...] embrasserait dans la même formule les mouvements des plus grands corps de l'univers et ceux du plus léger atome : rien ne serait incertain pour elle, et l'avenir, comme le passé, serait présent à ses yeux. »**

Laplace, *Essai philosophique sur les probabilités*, 1814.

Laplace énonce là le principe même du déterminisme universel, selon lequel les lois causales gouvernent toutes choses dans l'univers. Ainsi tout événement peut être considéré comme l'effet des événements qui l'ont précédé et comme la cause des événements qui lui succéderont, les états successifs de la nature s'enchaînant comme par nécessité les uns aux autres. ◆

479 **« Croyez-vous sincèrement que la ruade d'un cheval dans la campagne française dérange le vol d'un papillon dans les Iles de la Sonde ? »**

Bachelard, *L'Activité rationaliste de la physique contemporaine*, 1951.

Bachelard souligne ici le caractère monstrueux du déterminisme universel. Si l'on s'attache en effet à rechercher les antécédents des plus petits mouvements des plus petites portions de l'univers, on obtient ce qu'on pourrait appeler un « déterminisme de l'insignifiant ». ◆

480 **« Dieu ne joue pas aux dés. »**

Formule favorite d'Einstein (1879-1955).

L'inventeur de la théorie de la relativité a toujours été un farouche partisan du déterminisme. D'après lui, la nature présente une harmonie d'où tout hasard est exclu. Et si nous l'invoquons à propos de certains phénomènes, c'est seulement que l'état actuel de nos connaissances ne nous permet pas de tout prédire avec exactitude.◆

481 **« Les événements amenés par la combinaison ou la rencontre d'autres événements qui appartiennent à des séries indépendantes les unes des autres, sont ce qu'on nomme des événements *fortuits*, ou des résultats du *hasard*. »**

Cournot, *Sur les fondements de nos connaissances*, 1851.

▶ Ordre et désordre

482 **« Représente-toi sans cesse le monde comme un être unique, ayant une substance unique et une âme unique. Considère [...] comment tout agit par sa seule impulsion, et comment tout contribue à la cause de tout, et de quelle façon les choses sont tissées et enroulées ensemble. »**

Marc-Aurèle, *Pensées pour moi-même*, IIe s. apr. J.-C.

483 **« Les hommes sont dans une impuissance naturelle et immuable de traiter quelque science que ce soit dans un ordre absolument accompli. »**

Pascal, *De l'Esprit géométrique*, 1776 (posth.)

▶ Le progrès

484 **« La formule sacrée des positivistes : L'Amour pour principe, l'Ordre pour base, et le Progrès pour but. »**

Comte, *Système de politique positive*, 1851-1854.

485 **« Toute la suite des hommes, pendant le cours de tant de siècles, doit être considérée comme un même homme qui subsiste toujours et qui apprend continuellement. »**

Pascal, *Préface pour le Traité du vide*, 1663 (posth.)

Anticipation de l'affirmation positiviste, selon laquelle la science se développe par degrés, dans un mouvement de progrès linéaire. D'où l'accroissement indéfini de nos connaissances. ◆

486 **« Plus les techniques progressent, plus la réflexion est en recul. »**

Gabriel Marcel, *Les Hommes contre l'humain*, 1951.

487 **« La perfectibilité de l'homme est réellement indéfinie [...] ; les progrès de cette perfectibilité, désormais indépendants de toute puissance qui voudrait les arrêter, n'ont d'autre terme que la durée du globe où la nature nous a jetés. »**

Condorcet, *Esquisse d'un tableau des progrès de l'esprit humain*, 1795 (posth.)

488 **« Le progrès n'est pas nécessaire d'une nécessité métaphysique : on peut seulement dire que très probablement l'expérience finira par éliminer les fausses solutions et par se dégager des impasses. Mais à quel prix, par combien de détours ? Il n'est même pas exclu en principe que l'humanité, comme une phrase qui n'arrive pas à s'achever, échoue en cours de route. »**

Merleau-Ponty, *Signes*, 1960.

7. LOGIQUE ET MATHÉMATIQUES

Récit des origines

489 **« L'origine des mathématiques est, sans doute, multiple. Elle doit être cherchée dans le ciel et sur la terre. Dans le ciel étoilé où les constellations ont présenté l'énigme double du nombre et de la figure [...]. Sur la terre, parmi les techniques des arpenteurs, des "mesureurs de terre" (géomètres) et des calculateurs. »**

Paul Mouy, «Les Mathématiques et l'idéalisme philosophique», 1962.

490 **« C'est un penchant prédominant à traiter, dès l'abord, les choses semblables comme si elles étaient identiques – un penchant illogique, en somme, car en soi il n'y a rien d'identique – qui a le premier créé le fondement de la logique. »**

Nietzsche, *Le Gai Savoir*, 1883.

« Un chat est un chat » : cette proposition, qui semble dictée par la logique la plus rigoureuse, n'est acceptable que si l'on néglige les différences réelles qui existent entre deux chats quelconques et qu'on ne considère que ce qu'ils ont en commun. A l'origine de la logique, il y a, selon Nietzsche, la nécessité pour l'homme de classer les êtres, au mépris de leur individualité propre, en fonction de critères purement utilitaires : plantes comestibles / plantes non comestibles, animaux inoffensifs / animaux dangereux, etc. ◆

Qu'est-ce que la logique ?

491 **« Cette science des lois nécessaires de l'entendement et de la raison en général ou, ce qui est la même chose, de la simple forme de la pensée en général, nous la nommons : *Logique.* »**

Kant, *Logique*, 1800.

Kant définit la logique comme une sorte de grammaire générale de la pensée qui porte, non pas sur « les mots qui appartiennent à la matière de la langue », mais sur la forme même de la pensée. ◆

492 **« La logique est l'étude des raisonnements ou inférences, considérés du point de vue de leur validité. »**

Robert Blanché, *Introduction à la logique contemporaine*, 1957.

493 **Logique : « Science qui enseigne à l'esprit ce qu'il doit à lui-même quel que soit l'objet qu'il considère. »**

Alain, *Définitions*, 1953 (posth.)

494 **« La logique est l'art de bien conduire sa raison dans la connaissance des choses, tant pour s'en instruire soi-même que pour en instruire les autres. »**

Arnauld et Nicole, *La Logique ou l'Art de penser*, 1662.

▶ Définitions, axiomes, théorèmes

495 **« Règles nécessaires pour les définitions. – N'admettre aucun des termes un peu obscurs ou équivoques, sans définition. N'employer dans les définitions que des termes parfaitement connus ou déjà expliqués. »**

Pascal, *De l'Art de persuader*, 1728 (posth.)

496 **« L'une des espèces [de la définition] sera un discours expliquant ce que signifie le nom, autrement dit un discours purement nominal différent de celui qui exprime l'essence. »**

Aristote, *Seconds Analytiques*, IVe s. av. J.-C.

497 **« La définition [...] vise, comme son nom le suggère, à délimiter la compréhension d'une idée, mais aussi à établir une équivalence logique entre un terme nouveau et un ensemble de termes antérieurement introduits. »**

Robert Blanché, *L'Axiomatique*, 1955.

498 **« Qu'un et un font deux, ce n'est pas une vérité proprement dite, mais c'est la définition de deux. »**

Leibniz, *Nouveaux Essais sur l'entendement humain*, 1765 (posth.)

Leibniz souligne le caractère tautologique des propositions mathématiques. Une tautologie est une proposition dans laquelle le prédicat dit la même chose que le sujet. Or, en affirmant qu'un et un font deux, on ne dit rien de ce que sont « un et un » ; on indique simplement que ces deux termes : « un + un » et « deux » sont strictement synonymes, ou équivalents. ◆

499 **« Les axiomes de la géométrie [...] ne sont que des définitions déguisées. »**

Poincaré, *La Science et l'Hypothèse*, 1902.

500 **« Ce n'est que dans les livres qu'une axiomatique commence avec les axiomes : dans l'esprit de l'axiomaticien, elle y aboutit. »**

Robert Blanché, *L'Axiomatique*, 1955.

501 **« Les théorèmes sont des propositions théoriques qui peuvent et qui doivent être démontrées. »**

Kant, *Logique*, 1800.

▶ La mathématique, modèle de toute science

502 **« Ceux qui cherchent le droit chemin de la vérité ne doivent s'occuper d'aucun objet, dont ils ne puissent avoir une certi-**

tude égale à celle des démonstrations de l'arithmétique et de la géométrie. »

Descartes, *Règles pour la direction de l'esprit*, 1701 (posth.)

503 **« On voit clairement pourquoi l'arithmétique et la géométrie sont beaucoup plus certaines que les autres sciences : c'est que seules elles traitent d'un objet assez pur et simple pour n'admettre absolument rien que l'expérience ait rendu incertain, et qu'elles consistent tout entières en une suite de conséquences déduites par raisonnement. »**

Descartes, *Règles pour la direction de l'esprit*, 1701 (posth.)

Pour parvenir à la vérité, c'est la mathématique que nous devons prendre pour modèle. ◆

504 **« Il doit y avoir quelque science générale expliquant tout ce qu'on peut chercher touchant l'ordre et la mesure [...], et cette science est appelée [...] mathématique universelle, parce qu'elle renferme tout ce pourquoi les autres sciences sont dites des parties de la mathématique. »**

Descartes, *Règles pour la direction de l'esprit*, 1701 (posth.)

Cette *mathesis universalis*, ou mathématique universelle, est donc la science de l'ordre et de la mesure. ◆

505 **« Ces longues chaînes de raisons, toutes simples et faciles, dont les géomètres ont coutume de se servir pour parvenir à leurs plus difficiles démonstrations, m'avaient donné occasion de m'imaginer que toutes les choses qui peuvent tomber sous la connaissance des hommes s'entresuivent en même façon. »**

Descartes, *Discours de la méthode*, 1637.

Descartes promeut ici le raisonnement mathématique au rang d'instrument universel de la connaissance scientifique. ◆

Rapports entre logique et mathématiques

506 **« La logique du monde, que les propositions de logique montrent dans les tautologies, les mathématiques la montrent dans les équations. »**

Wittgenstein, *Tractatus logico-philosophicus*, 1921.

507 **« Les mathématiques et la logique [...] diffèrent comme un enfant diffère d'un homme ; la logique est la jeunesse des mathématiques et les mathématiques sont la virilité de la logique. »**

Russell, *Introduction à la philosophie mathématique*, 1952.

Statut des objets mathématiques

508 **« Lorsque j'imagine un triangle, encore qu'il n'y ait peut-être en aucun lieu du monde hors de ma pensée une telle figure, et qu'il n'y en ait jamais eu, il ne laisse pas néanmoins d'y avoir une certaine nature, ou forme, ou essence déterminée de cette figure, laquelle est immuable et éternelle, que je n'ai point inventée, et qui ne dépend en aucune façon de mon esprit. »**

Descartes, *Méditations métaphysiques*, 1641.

Les idées mathématiques ne nous viennent ni des sens ni de l'expérience ; ce sont, pour Descartes, des idées innées, qui sont en notre esprit indépendamment de l'expérience que nous pouvons en avoir. ◆

509 **« Les mathématiques [...] assurément ne seraient pas nées, si l'on avait su d'abord qu'il n'y a dans la nature ni ligne exactement droite, ni cercle véritable, ni mesure absolue de grandeur. »**

Nietzsche, *Humain, trop humain*, 1878.

510 **« Il importe d'apprendre à penser comme *réels*, bien qu'ils ne le soient pas à la manière des clous ou des hiboux, ces sortes d'objets qui n'ont de statut que relationnel et ne sont *accessibles* que dans le système des possibilités réglées ouvertes par les relations qui les définissent. »**

Jean-Toussaint Desanti, *La Philosophie silencieuse*, 1975.

511 **« Puisque nous avons vu que [les choses mathématiques] ne peuvent pas être dans les objets sensibles eux-mêmes, il est clair ou bien qu'elles n'existent pas du tout, ou bien qu'elles ont un mode particulier d'existence, et, pour cette raison, n'existent pas au sens rigoureux du mot. »**

Aristote, *Métaphysique*, IVe s. av. J.-C.

▶ A quoi servent les mathématiques ?

512 **« Le livre [de l'Univers] est écrit dans la langue mathématique ; ses caractères sont des triangles, des cercles, et d'autres figures géométriques sans l'intermédiaire desquelles il est humainement impossible d'en comprendre un seul mot. »**

Galilée, *L'Essayeur (Il Saggiatore)*, 1623.

513 **« Pour vous parler franchement de la géométrie, je la trouve le plus haut exercice de l'esprit ; mais en même temps je la connais pour si inutile, que je fais peu de différence entre un homme qui n'est que géomètre et un habile artisan. »**

Pascal, Lettre à Fermat du 10 août 1660.

514 **« Mathématiques spéculatives : comme si un homme s'employait à faire, tout le jour, des nœuds bien serrés dans le dessein de les dénouer ensuite. »**

Berkeley, *Commentaires philosophiques*, 1744.

8. LES SCIENCES DU VIVANT

▶ Définir la vie, est-ce possible ?

515 **« La vie est l'ensemble des fonctions qui résistent à la mort. »**
Bichat, *Recherches physiologiques sur la vie et la mort*, 1800.

516 **« La vie est l'ensemble des fonctions capables d'utiliser la mort. »**
Henri Atlan, *Entre le cristal et la fumée*, 1979.

517 **« La faculté d'un être d'agir selon ses représentations s'appelle la *vie*. »**
Kant, *Doctrine du droit*, 1797.

518 **« La vie apparaît comme un courant qui va d'un germe à un germe par l'intermédiaire d'un organisme développé. »**
Bergson, *L'Évolution créatrice*, 1907.

Ce courant, c'est précisément l'*élan vital*, qui se transmet d'individu à individu, de génération à génération, d'espèce à espèce en s'intensifiant toujours davantage et en créant perpétuellement de nouvelles formes, plus complexes que les précédentes.

▶ L'animal-machine

519 **« Je suppose que le corps n'est autre chose qu'une statue ou machine de terre [...]. Dieu met au-dedans toutes les pièces qui sont requises pour faire qu'elle marche, qu'elle mange, qu'elle respire... »**
Descartes, *Traité de l'homme*, 1662 (posth.)

520 **« Chaque corps organique d'un vivant est une espèce de machine divine, ou d'automate naturel, qui surpasse infiniment tous les automates artificiels. »**

Leibniz, *La Monadologie*, 1721 (posth.)

521 **« Lorsque les hirondelles viennent au printemps, elles agissent en cela comme des horloges. »**

Descartes, Lettre au Marquis de Newcastle, 1646.

522 **« Mettez une machine de chien et une machine de chienne l'une auprès de l'autre, et il en pourra résulter une troisième petite machine, au lieu que deux montres seront auprès l'une de l'autre, toute leur vie, sans jamais faire une troisième montre. »**

Fontenelle, *Lettres galantes*, 1742.

▶ Mécanisme contre vitalisme

523 **« La biologie moderne a l'ambition d'interpréter les propriétés de l'organisme par la structure des molécules qui le constituent. »**

François Jacob, *La Logique du vivant*, 1970.

524 **« Toutes les propriétés de la matière vivante sont, au fond, ou des propriétés connues et déterminées, et alors nous les appelons propriétés *physico-chimiques*, ou des propriétés inconnues et indéterminées, et alors nous les nommons propriétés *vitales*. »**

Claude Bernard, *Introduction à l'étude de la médecine expérimentale*, 1865.

L'élan vital n'est invoqué, selon Claude Bernard, que pour expliquer les phénomènes obscurs et inexplicables, dont la physique et la chimie sont incapables de rendre compte : « quand nous qualifions un phénomène de vital, cela équivaut à dire que c'est un phénomène dont nous ignorons la cause prochaine ou les conditions ». ◆

525 **« La pensée du vivant doit tenir du vivant l'idée du vivant. »**

Canguilhem, *La Connaissance de la vie*, 1952.

526 **« La vie est [...] la liberté s'insérant dans la nécessité et la tournant à son profit. »**

Bergson, *L'Énergie spirituelle*, 1919.

La vie, pour Bergson, tranche radicalement sur la matière. Le monde matériel obéit à des lois immuables et nécessaires. Dans ce monde régi par le déterminisme le plus strict, le vivant introduit l'indétermination et la spontanéité ; d'une façon toujours imprévisible, il « se nourrit » en effet de la matière pour la transformer à son profit.

Le finalisme

527 **« Dieu et la Nature ne font rien en vain. »**

Aristote, *Du ciel*, IVe s. av. J.-C.

528 **« On voit dans les plantes mêmes les choses utiles se produire en vue de la fin, par exemple les feuilles en vue d'abriter le fruit. »**

Aristote, *Physique*, IVe s. av. J.-C.

Le *finalisme* postule que la nature ne fait en rien en vain, que tout ce qu'elle produit existe en vue d'une fin. Ainsi, tous les organes de la plante s'expliquent par le fait qu'ils visent chacun un but précis, qui participe à la survie ou à la reproduction de la plante. Si la forme des feuilles est adaptée à la protection du fruit, c'est bien que cette protection constitue la « cause finale » (ou la fin) des feuilles.

529 **« Aucun organe de notre corps [...] n'a été créé pour notre usage ; mais c'est l'organe qui crée l'usage. »**

Lucrèce, *De la Nature*, Ier s. av. J.-C.

L'œuf et la poule

530 **« *Omne vivum ex ovo.* »**

Expression latine qui signifie « Tout être vivant est issu d'un œuf ». Or, tout œuf est issu d'un être vivant. D'où l'impossibilité logique d'assigner à la vie une origine autre que la vie elle-même. ◆

531 **« Voyez-vous cet œuf ? C'est avec cela qu'on renverse toutes les écoles de théologie et tous les temples de la terre. »**
Diderot, *Entretien entre d'Alembert et Diderot*, 1830 (posth.)

532 **« La raison [...] répugne à concevoir un éléphant tout formé dans un atome et dans cet atome un autre éléphant tout formé, et ainsi de suite, à l'infini. »**
Diderot, *Entretien entre d'Alembert et Diderot*, 1830 (posth.)

L'évolution des espèces

533 **« La nature, en produisant successivement toutes les espèces d'animaux et commençant par les plus imparfaits ou les plus simples, pour terminer son ouvrage par les plus parfaits, a compliqué graduellement leur organisation. »**
Lamarck, *Philosophie zoologique*, 1809.

534 **« L'évolution de la vie, depuis ses origines jusqu'à l'homme, évoque à nos yeux l'image d'un courant de conscience qui s'engagerait dans la matière comme pour s'y frayer un passage souterrain, ferait des tentatives à droite et à gauche, pousserait plus ou moins avant, viendrait la plupart du temps se briser contre le roc, et [...] reparaîtrait à la lumière. Cette direction est la ligne d'évolution qui aboutit à l'homme. »**
Bergson, *L'Énergie spirituelle*, 1919.

▶ Des galaxies dans un puceron

535 **Dans le ciron, « que [l'homme] voie une infinité d'univers, dont chacun a son firmament, ses planètes, sa terre, en la même proportion que le monde visible ; dans cette terre, des animaux, et enfin des cirons, dans lesquels il retrouvera ce que les premiers ont donné... »**

Pascal, *Pensées*, 1670 (posth.)

Le ciron, minuscule insecte de la famille des acariens, a longtemps servi d'exemple pour évoquer un animal d'une petitesse extrême. ◆

536 **« En toutes les parties de la Nature il y a des merveilles ; on dit qu'Héraclite, à des visiteurs étrangers qui, l'ayant trouvé se chauffant au feu de sa cuisine, hésitaient à entrer, fit cette remarque : "Entrez, il y a des dieux aussi dans la cuisine". »**

Aristote, *Des Parties des animaux*, IVe s. av. J.-C.

Tous les êtres vivants, même les plus petits ou les plus répugnants, ont quelque chose à nous apprendre sur la nature. Il ne faut donc pas renoncer à les étudier. ◆

537 **« Chaque portion de la matière peut être conçue comme un jardin plein de plantes, et comme un étang plein de poissons. Mais chaque rameau de la plante, chaque membre de l'animal, chaque goutte de ses humeurs est encore un tel jardin, ou un tel étang. »**

Leibniz, *La Monadologie*, 1721 (posth.)

9. LES SCIENCES DE L'HOMME

▶ L'homme : une invention récente

538 **« L'homme n'est pas le plus vieux problème ni le plus constant qui se soit posé au savoir humain. En prenant une chronologie relativement courte et un découpage géographique restreint [...], on peut être sûr que l'homme y est une invention récente. »**

Michel Foucault, *Les Mots et les Choses*, 1966.

L'homme n'a pas toujours été objet de science. Ce n'est qu'au cours du XIXe siècle que, petit à petit, a germé l'idée que les activités propres à l'homme (parler, échanger, travailler, créer des institutions) pouvaient être mesurées, quantifiées et finalement rapportées à des lois statistiques. ◆

539 **« L'homme est une invention dont l'archéologie de notre pensée montre aisément la date récente. Et peut-être la fin prochaine. »**

Michel Foucault, *Les Mots et les Choses*, 1966.

L'avénement des sciences humaines résulte, selon Foucault, « d'un changement dans les dispositions fondamentales du savoir », c'est-à-dire dans la façon particulière dont, à chaque époque, s'articule le savoir humain). Qu'il se produise de nouvelles mutations dans notre culture, et l'homme peut cesser à tout moment d'être un objet de science. ◆

▶ Comprendre, interpréter, expliquer

540 **« La nature, on l'*explique* ; la vie de l'âme, on la *comprend*. »**

Dilthey, *Le Monde de l'esprit*, 1926.

541 **Sociologie : « Science qui se propose de *comprendre* par interprétation l'activité sociale et par là d'*expliquer* causalement son déroulement et ses effets. »**

Max Weber, *Économie et Société*, 1922-1956.

En sociologie, il ne suffit pas de montrer une corrélation statistique pour établir la réalité d'un lien causal entre deux phénomènes. Il faut encore *comprendre* les motifs qui poussent les acteurs sociaux à agir comme ils le font. Pour cela, Weber préconise que, par une sorte de conversion empathique (l'*empathie* est la faculté de s'identifier à autrui), le sociologue tente de se mettre à la place de ceux qu'il observe. ◆

542 **« Le sociologue atteint la phase ultime de l'explication d'un phénomène social lorsque, ayant déterminé les caractéristiques des champs d'action dans lesquels sont insérés les agents qu'il observe, il peut émettre mentalement un jugement empathique de type : "À la place de Untel j'aurais peut-être agi de la même façon". »**

Raymond Boudon, *La Logique du social*, 1979.

▶ Des sciences réductrices ?

543 **La sociologie « ne veut connaître que des actes qui se répètent, des classes manifestes ou latentes ; chacun devient un entre plusieurs, anonyme, inintéressant s'il demeure seul en ses singularités, marginal ou atypique s'il s'obstine à combiner des traits normalement disjoints. »**

Raymond Aron, *La Sociologie allemande contemporaine*, 1935.

La sociologie, parce qu'elle ne s'intéresse qu'aux phénomènes collectifs, nie le vécu intime de l'individu. Quant à l'outil statistique, il relègue les hommes dont le comportement diffère de celui de la masse au rang des marginaux. ◆

544 **« Nous croyons que le but dernier des sciences humaines n'est pas de *constituer* l'homme, mais de le *dissoudre*. »**

Lévi-Strauss, *La Pensée sauvage*, 1962.

► Exemple de la méthode sociologique

545 **«*Sociologie* : je crois devoir hasarder, dès à présent, ce terme nouveau, [...] afin de pouvoir désigner par un nom unique cette partie complémentaire de la philosophie naturelle qui se rapporte à l'étude positive de l'ensemble des lois fondamentales propres aux phénomènes sociaux. »**

Comte, *Cours de philosophie positive*, 1830-1842.

Le terme « sociologie » a en effet été créé par Auguste Comte, à partir du latin *socius*, qui signifie « compagnon », et du grec *logos*, qui désigne l'étude, la science. La sociologie, ainsi définie, relève des sciences de la nature, au même titre que la physique, la chimie ou l'astronomie. D'ailleurs, avant de la baptiser « sociologie », Comte utilisait, pour désigner la science des phénomènes sociaux, l'expression de « physique sociale ». ◆

546 **« La première règle et la plus fondamentale est de considérer les faits sociaux comme des choses. »**

Durkheim, *Les Règles de la méthode sociologique*, 1895.

547 **« Qu'est-ce en effet qu'une chose ? La chose s'oppose à l'idée comme ce que l'on connaît du dehors à ce que l'on connaît du dedans. »**

Durkheim, *Les Règles de la méthode sociologique*, 1895.

548 **« Le seul caractère commun qu'on peut découvrir aux institutions et aux faits de psychologie des foules, c'est que *les uns et les autres ne sont pas des choses,* ont un sens qu'il faut saisir, sens qui n'apparaît pas si on veut les voir "du dehors". »**

Jules Monnerot, *Les faits sociaux ne sont pas des choses*, 1946.

▶ Les « sciences » humaines : appellation contrôlée ?

549 **« La difficulté épistémologique centrale des sciences de l'homme étant que ce dernier est à la fois sujet et objet se prolonge en celle-ci que cet objet étant à son tour un sujet conscient, doué de parole et de multiples symbolismes, l'objectivité et ses conditions préalables de décentration s'en trouvent rendues d'autant plus difficiles et souvent limitées. »**

Piaget, *Épistémologie des sciences de l'homme*, 1970.

L'objectivité scientifique suppose que le regard de l'observateur n'influe pas sur la réalité qu'il observe, ce qui paraît pouvoir être le cas dans les sciences dites « exactes », comme la physique ou la chimie. Mais quand un individu étudie le comportement de ses semblables, il le fait nécessairement avec des opinions, des préjugés, des intentions qui risquent de fausser l'interprétation des phénomènes observés. ◆

550 **« Ce que [notre règle] réclame, c'est que le sociologue se mette dans l'état d'esprit où sont physiciens, chimistes, physiologistes, quand ils s'engagent dans une région, encore inexplorée, de leur domaine scientifique. »**

Durkheim, *Les Règles de la méthode sociologique*, 1895.

551 **« Dans les sciences humaines, il ne suffit donc pas, [...] de mettre en doute les vérités acquises et de s'ouvrir entièrement aux faits, car le chercheur aborde le plus souvent les faits avec des catégories et des prénotions implicites et non conscientes qui lui ferment d'avance le chemin d'une compréhension objective. »**

Lucien Goldmann, *Sciences humaines et philosophie*, 1952.

10. LA VÉRITÉ

Les philosophes et la vérité

552 **« Je laisse chacun vivre selon sa complexion et je consens que ceux qui le veulent meurent pour ce qu'ils croient être leur bien, pourvu qu'il me soit permis à moi de vivre pour la vérité. »**

Spinoza, Lettre à Oldenburg, 1665.

553 **« A supposer que la vérité soit femme, n'aurait-on pas lieu de soupçonner que les philosophes, dans la mesure où ils ont été des bâtisseurs de systèmes, n'ont rien compris aux femmes ? »**

Nietzsche, *Par-delà le bien et le mal*, 1886.

Peut-être les philosophes n'ont-ils rien compris à la vérité, parce qu'ils ont bâti leur système en postulant qu'il existe une « vérité en soi » simple, contraire au faux et, surtout, supérieure au faux, ce que conteste précisément Nietzsche. ◆

554 **« Vérité et amitié nous sont chères l'une et l'autre, mais c'est pour nous un devoir sacré d'accorder la préférence à la vérité. »**

Aristote, *Éthique à Nicomaque*, IVe s. av. J.-C.

C'est la célèbre formule par laquelle Aristote justifie sa critique de la doctrine des Idées, invention de son maître et ami Platon. ◆

555 **« La vérité n'est pas une monnaie frappée qui, telle qu'elle, est prête à être dépensée et encaissée. »**

Hegel, *La Phénoménologie de l'Esprit*, Préface, 1807.

556 **« Étant admis que nous voulons le vrai, pourquoi pas plutôt le non-vrai ? Et l'incertitude ? Voire l'ignorance ? »**

Nietzsche, *Par-delà le bien et le mal*, 1886.

Nietzsche pose ici le problème de la valeur de la vérité : pourquoi les philosophes vouent-ils un tel culte à la vérité ? Par orgueil, par besoin de certitude ou par esprit démocratique (l'accord des consciences pouvant se sceller autour de la vérité) ?

Vérité et réalité

557 **« On définit la vérité par la conformité de l'intellect et du réel. Connaître cette conformité, c'est donc connaître la vérité. »**

Saint Thomas, *Somme théologique*, 1266-1274.

C'est la définition classique de la vérité comme correspondance avec la réalité, ou comme adéquation de l'esprit et de la chose.

558 **« Le recouvrement d'une chose par une représentation ne serait possible que si la chose était, elle aussi, une représentation. Et si la première s'accorde parfaitement à la seconde, elles coïncident. Or, c'est précisément ce que l'on ne veut pas quand on définit la vérité comme l'accord d'une représentation avec quelque chose de réel. »**

Gottlob Frege, *Écrits logiques et philosophiques*, 1969 (posth.)

Frege met ici en évidence la *circularité* de la définition de la vérité comme correspondance avec le réel. En effet, il n'y a correspondance entre un objet et sa représentation que si cette dernière est la réplique exacte de l'objet considéré. Mais comme l'objet et la représentation sont de natures radicalement différentes, on ne peut les faire coïncider exactement. Ainsi cette définition de la vérité laisse le problème entier, puisque reste à préciser le critère d'après lequel on va juger que la représentation est bien en adéquation avec la réalité…

559 **« Le vrai et le faux sont des attributs du langage, non des choses. Et là où il n'y a pas de langage, il n'y a ni vérité ni fausseté. »**

Hobbes, *Léviathan*, 1651.

Dire qu'une table est vraie (ou fausse) n'a aucun sens. Il n'y a de vérité que s'il y a jugement ; c'est donc seulement à l'intérieur du langage que l'on peut parler de vérité et de fausseté. ◆

▶ A quoi reconnaît-on un jugement vrai ?

560 **« De même que la lumière fait paraître elle-même et les ténèbres, de même la vérité est sa propre norme et celle du faux. »**

Spinoza, *Éthique*, 1677 (posth.)

561 **« Le premier [précepte de la méthode] était de ne recevoir jamais aucune chose pour vraie, que je ne la connusse évidemment être telle. »**

Descartes, *Discours de la méthode*, 1637.

562 **« Le vrai, que ce soit une chose vraie ou un jugement vrai, est ce qui est en accord, ce qui concorde. »**

Heidegger, *De l'Essence de la vérité*, 1943.

563 **« Le vrai consiste simplement dans ce qui est avantageux pour notre pensée. »**

William James, *Le Pragmatisme*, 1907.

Pour ce représentant du pragmatisme américain, la vérité d'un jugement ne se mesure pas à sa correspondance avec la réalité, mais à l'utilité qu'il présente pour agir efficacement sur cette réalité. Ainsi, une idée n'est vraie pour moi que si elle « me réussit ». ◆

▶ La vérité : une ou plurielle ?

564 **« Quelle vérité que ces montagnes bornent, qui est mensonge au monde qui se tient au-delà ? »**

Montaigne, *Essais*, 1580-1588.

565 **« La vérité ne tolère pas d'autres dieux. – La foi en la vérité commence avec le doute au sujet de toutes les "vérités" en quoi l'on a cru jusqu'à présent. »**

Nietzsche, *Humain, trop humain II*, 1886.

566 **« Toute parole est revêtue d'une valeur de vérité, quoi qu'on entende par cette expression. »**

Jean-François Lyotard, *Économie libidinale*, 1974.

567 **« La vérité ne peut être tolérante, [...] elle n'admet ni compromis ni restriction. »**

Freud, *Nouvelles Conférences sur la psychanalyse*, 1933.

▶ Intuition et certitude

568 **« Par *intuition* j'entends, non pas le témoignage changeant des sens ou le jugement trompeur d'une imagination qui compose mal son objet, mais la conception d'un esprit pur et attentif, conception si facile et si distincte qu'aucun doute ne reste sur ce que nous comprenons. »**

Descartes, *Règles pour la direction de l'esprit*, 1701 (posth.)

Chez Descartes, l'intuition est l'acte par lequel notre esprit atteint directement la réalité, nous procurant par-là même une certitude absolue. ◆

569 **« Si fort qu'un homme soit supposé adhérer à des idées fausses, jamais pourtant nous ne dirons qu'il tient une certitude. »**

Spinoza, *Éthique*, 1677 (posth.)

570 **« J'entends concevoir la certitude comme quelque chose qui se situe au-delà de l'opposition justifié/non justifié ; donc pour ainsi dire comme quelque chose d'animal. »**

Wittgenstein, *De la certitude*, 1969 (posth.)

► Croire et savoir

571 **« Je dus [...] abolir le savoir afin d'obtenir une place pour la croyance. »**

Kant, *Critique de la raison pure* (2e éd.), 1787.

572 **Croyance : « C'est le mot commun qui désigne toute certitude sans preuve. »**

Alain, *Définitions*, 1953 (posth.)

573 **« Les faits ne pénètrent pas dans le monde où vivent nos croyances. [...] Ils peuvent leur infliger les plus constants démentis sans les affaiblir et une avalanche de malheurs et de maladies se succédant sans interruption dans une famille ne la fera pas douter de la bonté de son Dieu ou du talent de son médecin. »**

Proust, *Du côté de chez Swann*, 1913.

574 **« Les mots doute et croyance, comme on les emploie d'ordinaire, sont usités quand il est question de religion [...]. Je les emploie ici pour désigner la position de toute question grande ou petite et sa solution. »**

Charles S. Peirce, *Textes anticartésiens*, 1984 (posth.)

3 LA PRATIQUE ET LES FINS

1. LE TRAVAIL

Activité animale et travail humain

575 **« On peut distinguer les hommes des animaux par la conscience, par la religion et par tout ce que l'on voudra. Eux-mêmes commencent à se distinguer des animaux dès qu'ils commencent à *produire* leurs moyens d'existence. »**

Marx et Engels, *L'Idéologie allemande*, 1932 (posth.)

576 **« Ce qui distingue dès l'abord le plus mauvais architecte de l'abeille la plus experte, c'est qu'il a construit la cellule dans sa tête avant de la construire dans la ruche. »**

Marx, *Le Capital*, 1867.

577 **« Le travail est la modification utile du milieu extérieur opérée par l'homme. »**

Comte, *Système de politique positive*, 1852.

578 **« Le travail est de prime abord un acte qui se passe entre l'homme et la nature. L'homme y joue lui-même vis-à-vis de la nature le rôle d'une puissance naturelle. Les forces dont son corps est doué [...], il les met en mouvement, afin de s'assimiler des matières en leur donnant une forme utile à sa vie. »**

Marx, *Le Capital*, 1867.

579 **« Le travail, c'est toujours l'esprit pénétrant difficilement dans une matière et la spiritualisant. »**

Jean Lacroix, *Les Sentiments et la vie morale*, 1952.

▶ Travail et souffrance

580 **L'Éternel à Adam : « Le sol sera maudit à cause de toi. C'est à force de peine que tu en tireras ta nourriture tous les jours de ta vie [...]. C'est à la sueur de ton front que tu mangeras ton pain. »**

La Bible, Ancien Testament, Genèse.

581 **« Le travail utile est par lui-même un plaisir ; par lui-même, et non par les avantages qu'on en retirera. »**

Alain, *Propos* du 6 novembre 1911.

▶ Instrument d'épanouissement ou d'aliénation ?

582 **« L'ouvrier est à l'égard du *produit de son travail* dans le même rapport qu'à l'égard d'un objet *étranger*. »**

Marx, *Manuscrits de 1844*, 1844.

583 **« L'ouvrier met sa vie dans l'objet. Mais alors, celle-ci ne lui appartient plus, elle appartient à l'objet. »**

Marx, *Manuscrits de 1844*, 1844.

584 **« En quoi consiste l'aliénation du travail ? D'abord dans le fait que le travail est *extérieur* à l'ouvrier, c'est-à-dire qu'il n'appartient pas à son essence, que donc, dans son travail, celui-ci ne s'affirme pas mais se nie, ne se sent pas à l'aise, mais malheureux, ne déploie pas une libre activité physique et intellectuelle, mais mortifie son corps et ruine son esprit. »**

Marx, *Manuscrits de 1844*, 1844.

585 **« Un travail réglé et des victoires après des victoires, voilà sans doute la formule du bonheur. »**

Alain, *Propos* du 18 mars 1911.

586 **« Pour échapper à l'ennui, l'homme, ou bien travaille au-delà de ce qu'exigent ses besoins normaux, ou bien il invente le jeu, c'est-à-dire le travail qui n'est plus destiné à satisfaire aucun autre besoin que celui du travail pour lui-même. »**

Nietzsche, *Humain, trop humain*, 1878.

▶ La division du travail

587 **« Si les navettes tissaient d'elles-mêmes et les plectres jouaient tout seuls de la cithare, alors les ingénieurs n'auraient pas besoin d'exécutants, ni les maîtres d'esclaves. »**

Aristote, *La Politique*, IVe s. av. J.-C.

Pour Aristote, l'esclave n'est qu'un instrument animé qui met en mouvement les instruments inanimés que sont les navettes et les cithares. ◆

588 **« Ce qui fait la valeur morale de la division du travail [...], c'est que, par elle, l'individu reprend conscience de son état de dépendance vis-à-vis de la société. »**

Durkheim, *De la division du travail social*, 1893.

589 **« Le vrai travail est avec l'homme ; c'est le travail des champs et des jardins, les heureux échanges formés sous le regard, et la division du travail, mais non point poussée jusqu'à la division des hommes. »**

Alain, *Les Aventures du cœur*, 1945.

▶ Le travail : la meilleure des polices

590 **« On sent aujourd'hui, à la vue du travail – on vise toujours sous ce nom le dur labeur du matin au soir –, qu'un tel travail constitue la meilleure des polices, qu'il tient chacun en bride et s'entend à entraver puissamment le développement de la raison, des désirs, du goût de l'indépendance. »**

Nietzsche, *Aurore*, 1881.

591 **« A notre insu le travail nous guérit de la partie inférieure et presque mécanique de nos passions ; ce n'est pas peu. Les mains d'Othello étaient inoccupées lorsqu'il s'imagina d'étrangler quelqu'un. »**

Alain, *Les Aventures du cœur*, 1945.

▶ Vive les loisirs et l'oisiveté !

592 **« On en viendra bientôt à ne plus céder à un penchant vers la *vie contemplative* (c'est-à-dire à se promener, accompagné de pensées et d'amis) sans mépris de soi et mauvaise conscience. »**

Nietzsche, *Le Gai Savoir*, 1883.

593 **« Tous les hommes se divisent, et en tout temps et de nos jours, en esclaves et libres ; car celui qui n'a pas les deux tiers de sa journée pour lui-même est esclave, qu'il soit d'ailleurs ce qu'il veut : homme d'État, marchand, fonctionnaire, savant. »**

Nietzsche, *Humain, trop humain*, 1878.

594 **« Le citoyen toujours actif sue, s'agite, se tourmente sans cesse pour chercher des occupations encore plus laborieuses : il travaille jusqu'à la mort, il y court même pour se mettre en état de vivre, ou renonce à la vie pour acquérir l'immortalité. »**

Rousseau, *Sur l'origine de l'inégalité*, 1755.

595 **« Ne rien faire est la première et la plus forte passion de l'homme après celle de se conserver. Si l'on y regardait bien, l'on verrait que, même parmi nous, c'est pour parvenir au repos que chacun travaille ; c'est encore la paresse qui nous rend laborieux. »**

Rousseau, *Sur l'origine des langues*, 1781 (posth.)

2. LA TECHNIQUE

► L'homo faber

596 **« Si, pour définir notre espèce, nous nous en tenions strictement à ce que l'histoire et la préhistoire nous présentent comme la caractéristique constante de l'homme et de l'intelligence, nous ne dirions peut-être pas *Homo sapiens,* mais *Homo faber.* »**

Bergson, *L'Évolution créatrice,* 1907.

L'homme est d'abord un technicien, c'est-à-dire quelqu'un qui fabrique *(faber).* C'est même dans cette aptitude à fabriquer des outils – avec lesquels il fabrique des objets artificiels ainsi que d'autres outils – que réside son intelligence, plutôt que dans son savoir ou dans sa raison (ce que laisse entendre, à tort, l'expression *homo sapiens*, « l'homme sage »). ◆

597 **« C'est à l'être capable d'acquérir le plus grand nombre de techniques que la nature a donné l'outil de loin le plus utile : la main. [...] Car la main devient griffe, serre, corne, ou lance, ou épée, ou toute autre arme ou outil. Elle peut être tout cela, parce qu'elle est capable de tout saisir et de tout tenir. »**

Aristote, *Des parties des animaux,* IVe s. av. J.-C.

598 **« La main à l'origine était une pince à tenir les cailloux, le triomphe de l'homme a été d'en faire la servante de plus en plus habile de ses pensées de fabricant. »**

André Leroi-Gourhan, *Le Geste et la Parole,* 1965.

▶ L'outil et la machine

599 **« L'intelligence, envisagée dans ce qui en paraît être la démarche originelle, est la faculté de fabriquer des objets artificiels, en particulier des outils à faire des outils, et d'en varier indéfiniment la fabrication. »**

Bergson, *L'Évolution créatrice*, 1907.

600 **« Dès que l'homme, au lieu d'agir avec l'outil sur l'objet de travail, n'agit plus que comme moteur d'une machine-outil, l'eau, le vent, la vapeur peuvent le remplacer, et le déguisement de la force motrice sous des muscles humains devient purement accidentel. »**

Marx, *Le Capital*, 1867.

▶ Science et technique

601 **« Science, d'où prévoyance ; prévoyance, d'où action : telle est la formule très simple qui exprime, d'une manière exacte, la relation générale de la science et de l'art. »**

Comte, *Cours de philosophie positive*, 1830.

L'art doit être ici entendu au sens général de technique. La connaissance des lois de la nature, dit ici Comte, nous permet de prévoir les phénomènes naturels et ainsi de les modifier à notre avantage. ◆

602 **« Historiquement, la technique a précédé la science, l'homme primitif a connu des techniques. »**

Jacques Ellul, *La Technique ou l'Enjeu du siècle*, 1954.

603 **« L'inventeur de l'arc n'avait aucune idée de la pesanteur, ni de la trajectoire [...]. Cela conduit à juger que la technique, quoique réglée sur l'expérience, et fidèlement transmise de maître en apprenti, n'a pas conduit toute seule à la science. »**

Alain, *Propos* du 28 février 1931.

La domination de la nature

604 **« On ne triomphe de la nature qu'en lui obéissant. »**

Bacon, *Novum Organum*, 1620.

C'est en les détournant pour son propre profit que l'homme parvient à triompher des forces naturelles (la pesanteur, le vent, les courants marins). Obéir pour commander, telle est donc la règle de la science (voir la citation 960). ◆

605 **« Il est possible de parvenir à des connaissances qui soient fort utiles à la vie, [...] et ainsi nous rendre comme maîtres et possesseurs de la nature. »**

Descartes, *Discours de la méthode*, 1637.

606 **« On pourrait dire que la folie collective, qui s'étend aujourd'hui des camps de concentration jusqu'aux réactions, en apparence des plus inoffensives, de la culture de masse, était déjà présente en germe dans l'objectivation primitive, dans la contemplation intéressée du monde en tant que proie par le premier homme. »**

Max Horkheimer, *Éclipse de la raison*, 1947.

Pour Horkheimer et les philosophes de l'école de Francfort, la conception classique de la raison comme instrument de prédation de la nature (celle-ci devenant la « proie » de l'homme technicien) a préparé, d'une certaine façon, les conditions théoriques du totalitarisme. ◆

Dangers de la technique

607 **« Ce n'est pas seulement son utilisation, c'est bien la technique elle-même qui est déjà domination (sur la nature et sur les hommes), une domination méthodique, scientifique, calculée et calculante. »**

Marcuse, *Culture et Société*, 1965.

608 **« Depuis qu'il a commencé à respirer et à se nourrir jusqu'à l'invention des engins atomiques et thermonucléaires, en passant par la découverte du feu [...], l'homme n'a rien fait d'autre qu'allégrement dissocier des milliards de structures pour les réduire à un état où elles ne sont plus susceptibles d'intégration. »**

Lévi-Strauss, *Tristes Tropiques*, 1955.

609 **« Quand nous considérons la technique comme quelque chose de neutre, c'est alors que nous lui sommes livrés de la pire façon : car cette conception [...] nous rend complètement aveugles en face de l'essence de la technique. »**

Heidegger, *La Question de la technique*, 1953.

Si l'homme dit un « oui » inconditionnel à la technique, celle-ci risque de s'emparer de lui et de le vider progressivement de son être. Aussi, pour que la technique reste au service de l'homme (et non l'inverse), il faut être conscient du danger qu'elle représente et garder à l'égard des objets techniques qui peuplent notre univers une prudente distance. ◆

610 **« Plus le niveau de la technique est élevé, plus les avantages que peuvent apporter des progrès nouveaux diminuent par rapport aux inconvénients. »**

Simone Weil, *Oppression et Liberté*, 1955.

Valeur d'usage et valeur d'échange

611 **« La forme du bois […] est changée si l'on en fait une table. Néanmoins, la table reste bois, une chose ordinaire et qui tombe sous les sens. Mais dès qu'elle se présente comme marchandise, […] elle se dresse, pour ainsi dire, sur sa tête de bois en face des autres marchandises et se livre à des caprices plus bizarres que si elle se mettait à danser. »**

Marx, *Le Capital*, 1867.

612 **« De chaque objet possédé il y a un double usage […] : l'un est propre et l'autre n'est pas propre à l'objet. Ainsi une chaussure sert à chausser et à être échangée. »**

Aristote, *La Politique*, IVe s. av. J.-C.

613 **« Les choses, une fois qu'elles sont reconnues utiles par elles-mêmes, tirent leur valeur d'échange de deux sources : de leur rareté et de la quantité de travail nécessaire pour les acquérir. »**

Ricardo, *Des principes de l'économie politique et de l'impôt*, 1817.

Fonctions de la monnaie

614 **« Il n'est pas aisé […] de transporter toutes les denrées naturellement indispensables ; c'est pourquoi pour les troquer on convint de quelque chose que l'on pût aussi bien donner que recevoir, et qui, tout en étant elle-même au nombre des choses utiles, ait la faculté de changer facilement de mains pour les besoins de la vie. »**

Aristote, *La Politique*, IVe s. av. J.-C.

615 **« La monnaie est une sorte d'intermédiaire qui sert à apprécier toutes choses en les ramenant à une commune mesure. »**
Aristote, *Éthique à Nicomaque*, IVe s. av. J.-C.

Aristote souligne ici la nécessité, pour permettre les échanges entre l'architecte et le cordonnier, de ramener les divers biens qu'ils produisent (respectivement des maisons et des chaussures) à un étalon unique : la monnaie. ◆

616 **« L'argent est un cristal qui se forme spontanément dans les échanges par lesquels les divers produits du travail sont en fait égalisés entre eux et par cela même transformés en marchandises. »**
Marx, *Le Capital*, 1867.

▶ L'argent tout-puissant

617 **« Ce que l'argent peut acheter, je le suis moi-même, moi le possesseur de l'argent. [...] Je suis laid, mais je puis m'acheter la femme la plus belle. Je ne suis donc pas laid, car l'effet de la laideur, sa force repoussante est annulée par l'argent. »**
Marx, *Manuscrits de 1844*, 1844.

618 **« Argent, machinisme, algèbre. Les trois monstres de la civilisation actuelle. Analogie complète. »**
Simone Weil, *La Pesanteur et la Grâce*, 1947.

▶ Le don

619 **« Si l'échange est le fond des choses, pourquoi faut-il que ça n'ait pas l'air d'un échange, surtout pas ? Pourquoi faut-il que ce soit un don, ou un contre-don, et non pas un échange ? »**
Deleuze et Guattari, *L'Anti-Œdipe*, 1972.

Les auteurs dénoncent cette hypocrisie généralisée qui consiste à dissimuler, au moins dans la forme, le caractère purement « échangiste » de la plupart de nos dons. Quand vous « rendez » un service à un ami, c'est le plus souvent en compensation de services que celui-ci vous a déjà rendus, ou bien « à charge de revanche », en compensation d'un service que désormais il ne peut plus vous refuser. ◆

620 **« S'il détruit l'objet devant un autre, ou s'il le donne, celui qui donne a pris effectivement aux yeux de l'autre le pouvoir de donner ou de détruire. Il est riche désormais d'avoir fait de la richesse l'usage voulu dans l'essence de la richesse. »**

Georges Bataille, *La Part maudite*, 1949.

621 **Entre les tribus de certaines sociétés archaïques, les « prestations et contre-prestations s'engagent sous une forme plutôt volontaire, par des présents, des cadeaux, bien qu'elles soient au fond rigoureusement obligatoires, à peine de guerre privée ou publique ».**

Marcel Mauss, *Essai sur le don*, 1924.

Ces dons et contre-dons ritualisés font partie de « prestations totales » (que Mauss désigne également sous le nom de *potlatch*), où chacune des deux tribus rivales cède ou détruit de nombreuses richesses dans le seul but d'affirmer sa suprématie. ◆

▶ Prix, valeur, dignité

622 **« Le travail est la seule mesure universelle, aussi bien que la seule exacte, des valeurs, le seul étalon qui puisse nous servir à comparer les valeurs de différentes marchandises à toutes les époques et dans tous les lieux. »**

Adam Smith, *Sur la nature et les causes de la richesse des nations*, 1776.

623 **« Ce qui a un prix peut être aussi bien remplacé par quelque chose d'autre, à titre d'*équivalent*; au contraire, ce qui est supérieur à tout prix, ce qui par suite n'admet pas d'équivalent, c'est ce qui a une dignité. »**

Kant, *Fondements de la métaphysique des mœurs*, 1785.

▶ La propriété

624 **« Hors de la société, chacun a tellement droit sur toutes choses qu'il ne s'en peut prévaloir et n'a la possession d'aucune ; mais dans la république, chacun jouit paisiblement de son droit particulier. »**

Hobbes, *Du citoyen*, 1642.

625 **« La propriété étant un droit inviolable et sacré, nul ne peut en être privé. »**

Déclaration des droits de l'homme et du citoyen, 26 août 1789.

626 **« Qu'est-ce que la propriété ? [...] C'est le vol. »**

Proudhon, *Qu'est-ce que la propriété ?*, 1840.

4. L'ART

▶ L'art : imitation de la nature ?

627 **« Lorsque [l'art] ne va pas au-delà de la simple imitation, il est incapable de nous donner l'impression d'une réalité vivante ou d'une vie réelle : tout ce qu'il peut nous offrir, c'est une caricature de la vie. »**

Hegel, *Esthétique*, 1832 (posth.)

628 **« Le beau n'est véritablement beau que quand il participe de l'esprit et est créé par lui. »**

Hegel, *Esthétique*, 1832 (posth.)

629 **Socrate : « Lequel de ces deux buts se propose la peinture relativement à chaque objet ; est-ce de représenter ce qui est tel qu'il est, ou ce qui paraît, tel qu'il paraît ? Est-ce l'imitation de l'apparence ou de la réalité ? »**

Platon, *La République*, IVe s. av. J.-C.

L'artiste, pour Socrate, n'est qu'un charlatan. Il trompe doublement son public, en ce qu'il fait passer son œuvre pour réelle, alors qu'elle n'est que l'imitation de ce qui constitue déjà, par rapport à la réalité, un pur *simulacre*. En effet, ce que le peintre essaie de reproduire sur sa toile, ce sont les apparences, lesquelles ne nous renvoient, selon la doctrine des Idées, que l'ombre de la réalité. Il maintient ainsi dans l'illusion les enfants et les naïfs. ◆

630 **« L'œuvre d'art se rapporte à la nature de la même façon que le cercle mathématique se rapporte au cercle naturel. »**

Nietzsche, *Le Livre du philosophe*, 1904 (posth.)

631 **« Quelle vanité que la peinture, qui attire l'admiration par la ressemblance des choses dont on n'admire point les originaux ! »**

Pascal, *Pensées*, 1670 (posth.)

▶ Pourquoi les artistes ?

632 **« Qu'il soit peinture, sculpture, poésie ou musique, l'art n'a d'autre objet que d'écarter les symboles pratiquement utiles, les généralités conventionnellement et socialement acceptées, enfin tout ce qui nous masque la réalité, pour nous mettre face à face avec la réalité même.**

Bergson, *Le Rire*, 1900.

633 **« Un peintre n'est pas d'abord un homme qui aime les figures et les paysages. C'est un homme qui aime les tableaux. »**

Malraux, *Les Voix du silence*, 1951.

634 **« L'origine de l'œuvre d'art et de l'artiste, c'est l'art. »**

Heidegger, *Chemins qui ne mènent nulle part*, 1949.

▶ Qu'est-ce que le beau ?

635 **« La vraie voie de l'amour, [...] c'est de partir des beautés sensibles et de monter sans cesse vers cette beauté surnaturelle en passant comme par échelons d'un beau corps à deux, de deux à tous, puis des beaux corps aux belles actions, puis des belles actions aux belles sciences, pour aboutir des sciences à cette science qui n'est autre chose que la science de la beauté absolue. »**

Platon, *Le Banquet*, IVe s. av. J.-C.

636 **« Le *goût* est la faculté de juger d'un objet ou d'une représentation par une satisfaction *dégagée de tout intérêt*. On appelle *beau* l'objet d'une semblable satisfaction. »**

Kant, *Critique de la faculté de juger*, 1790.

637 **« Est *beau* ce qui plaît universellement sans concept. »**
Kant, *Critique de la faculté de juger*, 1790.

638 **« Le beau est ce qui est représenté, sans concept, comme l'objet d'une satisfaction universelle. »**
Kant, *Critique de la faculté de juger*, 1790.

639 **« Le beau se définit [...] comme la manifestation sensible de l'idée. »**
Hegel, *Esthétique*, 1832 (posth.)

▶ Le beau, le vrai, le bien

640 **Socrate : « L'art d'imiter est bien éloigné du vrai et, s'il peut tout exécuter, c'est, semble-t-il, qu'il ne touche qu'une petite partie de chaque chose, laquelle n'est d'ailleurs qu'une ombre. »**
Platon, *La République*, IVe s. av. J.-C.

641 **« En disant [...] que la beauté est idée, nous voulons dire par là que beauté et vérité sont une seule et même chose. »**
Hegel, *Esthétique*, 1832 (posth.)

642 **« L'essence de l'art, c'est la vérité se mettant elle-même en œuvre. »**
Heidegger, *Chemins qui ne mènent nulle part*, 1949.

643 **« Les beautés ont dans les arts le même fondement que les vérités dans la philosophie. Qu'est-ce que la vérité ? La conformité de nos jugements avec les êtres. Qu'est-ce que la beauté d'imitation ? La conformité de l'image avec la chose. »**
Diderot, *Discours sur la poésie dramatique*, 1758.

La contemplation esthétique

644 **« La contemplation du beau a pour effet de produire en nous une jouissance calme et pure, incompatible avec les plaisirs grossiers des sens ; elle élève l'âme au-dessus de la sphère habituelle de ses pensées ; elle la prédispose aux résolutions nobles et aux actions généreuses, par l'étroite affinité qui existe entre les trois sentiments et les trois idées du bien, du beau et du divin. »**

Hegel, *Esthétique*, 1832 (posth.)

645 **« En face d'une œuvre d'art, il importe de se placer comme en présence d'un prince et de ne jamais prendre la parole le premier. Faute de quoi, l'on risquerait fort de n'entendre que sa propre voix. »**

Schopenhauer, *Le Monde comme volonté et comme représentation*, 1818.

646 **« Pour l'oreille qui n'est pas musicienne, la musique la plus belle n'a aucun sens. »**

Marx, *Manuscrits de 1844*, 1844.

Pour que l'homme soit à même de percevoir la beauté d'une œuvre d'art, il faut d'abord développer sa faculté de sentir. Pour une oreille non encore éduquée, la musique la plus belle n'est pas même un objet.

Qu'en est-il du laid ?

647 **« Il n'est point de serpent ni de monstre odieux,**
Qui, par l'art imité, ne puisse plaire aux yeux. »

Boileau, *L'Art poétique*, 1674.

648 **« Cette idée que notre monde serait constitué pour la plus grande part d'objets laids et d'endroits laids, tandis que les objets et endroits doués de beauté seraient des plus rares et**

difficiles à rencontrer, je n'arrive pas à la trouver très excitante. Il me semble que l'Occident, à perdre cette idée, ne ferait pas une grande perte. »

Jean Dubuffet, *L'Homme du commun à l'ouvrage*, 1973.

▶ Le goût est-il subjectif ?

649 **« Une chanson que braille une fille en brossant l'escalier me bouleverse plus qu'une savante cantate. »**

Jean Dubuffet, *L'Homme du commun à l'ouvrage*, 1973.

650 **« Le goût est la faculté de porter un jugement esthétique dont le choix est universellement valable. »**

Kant, *Anthropologie du point de vue pragmatique*, 1798.

651 **« Demandez à un crapaud ce que c'est que la beauté [...]. Il vous répondra que c'est sa femelle avec deux gros yeux ronds sortant de sa petite tête, une gueule large et plate, un ventre jaune, un dos brun. »**

Voltaire, *Dictionnaire philosophique*, 1764.

652 **« On ne peut pas dire : à chacun son goût. Cela reviendrait à dire que le goût n'existe pas, c'est-à-dire qu'il n'existe pas de jugement esthétique qui puisse légitimement revendiquer l'assentiment de tous. »**

Kant, *Critique de la faculté de juger*, 1790.

▶ L'art et la science

653 **« L'âme de l'artiste, si elle vit vraiment, n'a pas besoin d'être soutenue par des pensées rationnelles et des théories. Elle trouve par elle-même quelque chose à dire. »**

Kandinsky, *Du Spirituel dans l'art*, 1911.

654 **« L'art est fait pour troubler. La science rassure. »**

Braque, *Pensées sur l'art*, 1963.

655 **« Rien n'est plus contraire aux beaux-arts que les vues étroites, la marche trop analytique et l'abus du raisonnement propres à notre régime scientifique, d'ailleurs si funeste au développement moral, première source de toute disposition esthétique. »**

Comte, *Système de politique positive*, 1851.

5. LA MORALE

Du bien et du mal

656 **« Tout art et toute recherche, de même que toute action et toute délibération réfléchie, tendent, semble-t-il, vers quelque bien. Aussi a-t-on eu parfaitement raison de définir le bien : ce à quoi on tend en toutes circonstances. »**

Aristote, *Éthique à Nicomaque*, IVe s. av. J.-C.

657 **« Par bon, j'entendrai ce que nous savons avec certitude nous être utile. Par mauvais, au contraire, ce que nous savons avec certitude empêcher que nous ne possédions quelque bien. »**

Spinoza, *Éthique*, 1677 (posth.)

658 **« La musique est bonne pour le mélancolique, mauvaise pour qui éprouve de la peine ; mais pour le sourd, elle n'est ni bonne ni mauvaise. »**

Spinoza, *Éthique*, 1677 (posth.)

Spinoza illustre, par cet exemple, la thèse selon laquelle une même chose peut être, suivant la personne qui la juge, bonne, mauvaise ou simplement indifférente. ◆

659 **« Quand il s'agit de valeur morale, l'essentiel n'est point dans les actions, que l'on voit, mais dans ces principes intérieurs des actions, que l'on ne voit pas. »**

Kant, *Fondements de la métaphysique des mœurs*, 1785.

660 **« Nous croyons que [...] tout ce qui est mauvais, terrible, tyrannique en l'homme, ce qui tient en lui du fauve et du serpent, sert aussi bien l'élévation de l'espèce « homme » que son contraire. »**

Nietzsche, *Par-delà le bien et le mal*, 1886.

Le souverain Bien

661 **« Si l'on recherche en quoi consiste précisément le plus grand bien de tous, qui doit être la fin de tout système de législation, on trouvera qu'il se réduit à ces deux objets principaux, la *liberté* et l'*égalité*. »**

Rousseau, *Du contrat social*, 1762.

662 **« Le Bien absolu [...] serait un état dont chacun, nécessairement, poursuivrait la réalisation, indépendamment de ses goûts et inclinations, ou dont on se sentirait coupable de ne pas poursuivre la réalisation. Et je tiens à dire qu'un tel état de choses est une chimère. »**

Wittgenstein, *Conférence sur l'éthique*, 1965 (posth.)

Y a-t-il plusieurs morales ?

663 **« La vraie morale se moque de la morale ; c'est-à-dire que la morale du jugement se moque de la morale de l'esprit – qui est sans règles. »**

Pascal, *Pensées*, 1670 (posth.)

La morale dont se moque la vraie morale, c'est l'ensemble des règles, des coutumes, des commandements qu'à chaque époque et dans chaque contrée, les hommes sont tenus de respecter. La morale n'est-elle pas plutôt cette voix intérieure qui nous dit où sont le bien et le mal ? ◆

664 **« Il y a une morale des maîtres et une morale des esclaves. »**

Nietzsche, *Par-delà le bien et le mal*, 1886.

665 **« L'esclave [...] met au premier plan et en pleine lumière les qualités qui servent à alléger aux souffrants le fardeau de**

l'existence : la pitié, la complaisance, la charité, le bon cœur... »

Nietzsche, *Par-delà le bien et le mal*, 1886.

Si l'on en croit Nietzsche, les faibles auraient imaginé de fausses valeurs pour contenir la puissance des forts, pour les amener à avoir honte de leur puissance et les obliger à épargner ceux qui sont à leur merci. ◆

666 **« Vous nous parlez d'une voix chimérique de cette nature, qui nous dit de ne pas faire aux autres ce que nous ne voudrions pas qu'il nous fût fait ; mais cet absurde conseil ne nous est jamais venu que des hommes, et d'hommes faibles. L'homme puissant ne s'avisera jamais de parler un tel langage. »**

Sade, *La Philosophie dans le boudoir*, 1795.

▶ Le devoir

667 **« Le devoir est la nécessité d'accomplir une action par respect pour la loi. »**

Kant, *Fondements de la métaphysique des mœurs*, 1785.

« Par respect pour la loi » : une action accomplie en conformité apparente avec le devoir n'est pas nécessairement une action morale ; pour qu'elle le soit, il faut qu'elle ait été accomplie *par devoir*, c'est-à-dire par pur respect de la loi morale. ◆

668 **« Celui qui sauve un de ses semblables en danger de se noyer accomplit une action moralement bonne, que son motif d'action soit le devoir ou l'espoir d'être payé de sa peine. »**

John Stuart Mill, *L'Utilitarisme*, 1861.

669 **« Devoir ! mot grand et sublime, [...] où trouver la racine de ta noble tige [...] ? Ce ne peut être rien de moins que ce qui élève l'homme au-dessus de lui-même. »**

Kant, *Critique de la raison pratique*, 1788.

670 **« Il n'y a donc qu'un impératif catégorique, et c'est celui-ci : Agis uniquement d'après la maxime qui fait que tu peux vouloir en même temps qu'elle devienne une loi universelle. »**
Kant, *Fondements de la métaphysique des mœurs*, 1785.

L'impératif kantien désigne un commandement de la raison pratique. Il est *hypothétique* quand il indique simplement les moyens d'atteindre un objectif extérieur (si tu veux ceci, fais cela) ; il est *catégorique* quand il ordonne absolument et sans condition. ◆

671 **« L'obéissance au devoir est une résistance à soi-même. »**
Bergson, *Les Deux Sources de la morale et de la religion*, 1932.

▶ La conscience morale

672 **« La conscience morale n'est pas quelque chose que l'on soit susceptible d'acquérir, et il n'y a pas de devoir ordonnant de se procurer cette conscience ; mais tout homme, en tant qu'être moral, *possède* en lui, originairement, une telle conscience. »**
Kant, *Doctrine de la vertu*, 1797.

673 **« Fouille en dedans. C'est en dedans qu'est la source du bien et elle peut jaillir sans cesse, si tu fouilles toujours. »**
Marc-Aurèle, *Pensées pour moi-même*, IIe s. apr. J.-C.

674 **« La conscience morale est la raison pratique représentant à l'être humain son devoir dans chaque cas où intervient une loi, que ce soit pour l'acquitter ou pour le condamner. »**
Kant, *Doctrine de la vertu*, 1797.

675 **« Il est [...] au fond des âmes un principe inné de justice et de vertu, sur lequel, malgré nos propres maximes, nous jugeons nos actions et celles d'autrui comme bonnes ou mauvaises, et c'est à ce principe que je donne le nom de conscience. »**
Rousseau, *Émile ou De l'éducation*, 1762.

676 **« Conscience ! conscience ! instinct divin, immortelle et céleste voix ; guide assuré d'un être ignorant et borné, mais intelligent et libre ; juge infaillible du bien et du mal, qui rends l'homme semblable à Dieu, c'est toi qui fais l'excellence de sa nature et la moralité de ses actions. »**

Rousseau, *Émile ou De l'éducation*, 1762.

677 **« Si tu écoutes tel ou tel jugement, comme la voix de ta conscience, en sorte que tu considères quelque chose comme juste, c'est peut-être parce que tu n'as jamais réfléchi sur toi-même et que tu as accepté aveuglément ce qui, depuis ton enfance, t'a été désigné comme *juste*. »**

Nietzsche, *Le Gai Savoir*, 1883.

678 **« Au cours de mes années de bagne, je n'ai pas constaté chez mes camarades le moindre regret, le moindre malaise de conscience [...]. Le criminel, insurgé contre la société, la hait ; il considère presque toujours qu'il a raison et qu'elle a tort. »**

Dostoïevski, *Souvenirs de la maison des morts*, 1862.

▶ Le respect de la personne humaine

679 **« Une personne est ce sujet dont les actions sont susceptibles d'imputation. »**

Kant, *Doctrine du droit*, 1797.

680 **« Les êtres raisonnables sont appelés des personnes, parce que leur nature les désigne déjà comme des fins en soi. »**

Kant, *Fondements de la métaphysique des mœurs*, 1785.

681 **« L'homme, et en général tout être raisonnable, existe comme fin en soi, et non pas simplement comme moyen dont telle ou telle volonté puisse user à son gré. »**

Kant, *Fondements de la métaphysique des mœurs*, 1785.

Respecter l'autre, c'est m'interdire de l'utiliser comme un simple moyen pour parvenir à mes fins. Je ne respecte l'autre qu'en tant que je respecte en lui la nature raisonnable de l'humanité, qui est à elle-même sa propre fin. •

682 **« Agis de telle sorte que tu traites l'humanité aussi bien dans ta personne que dans la personne de tout autre toujours en même temps comme une fin, et jamais simplement comme un moyen. »**

Kant, *Fondements de la métaphysique des mœurs*, 1785.

683 **« Il appartient à la culture, à la *pensée* comme conscience que l'individu prend sous la forme de l'universel, que je sois saisi comme personne *universelle* : en celle-ci *tous* sont identiques. L'homme a cette valeur parce qu'il est homme, non parce qu'il est juif, catholique, protestant, allemand, italien, etc. »**

Hegel, *Principes de la philosophie du droit*, 1821.

Tout sujet a droit à être reconnu, au-delà de la communauté nationale, politique ou religieuse à laquelle il appartient, comme personne universelle. •

684 **« Dans la mesure où chacun est reconnu comme une essence libre, il est une personne. C'est pourquoi le principe du droit peut s'énoncer aussi de cette manière : chacun doit être traité par autrui comme une personne. »**

Hegel, *Propédeutique philosophique*, 1840 (posth.)

▶ Par-delà le bien et le mal

685 **« Que le non-vrai soit une condition de la vie, voilà certes une dangereuse façon de résister au sentiment qu'on a habituellement des valeurs, et une philosophie qui se permet cette audace se place déjà, du même coup, par-delà le bien et le mal. »**

Nietzsche, *Par-delà le bien et le mal*, 1886.

686 **« La moralité, c'est l'instinct grégaire chez l'individu. »**
Nietzsche, *Le Gai Savoir*, 1883.

Bien qu'elle paraisse s'adresser à l'individu, et à l'individu seulement, toute règle morale ne fait qu'exprimer les conditions de survie de la communauté. Ainsi le mal n'est jugé tel que parce qu'il met en danger l'intégrité du « troupeau ». ◆

687 **« Il n'existe pas de phénomènes moraux, mais seulement une interprétation morale des phénomènes. »**
Nietzsche, *Par-delà le bien et le mal*, 1886.

6. LA VOLONTÉ

Vivre et vouloir-vivre

688 **« Chaque chose, selon sa puissance d'être, s'efforce de persévérer dans son être. »**

Spinoza, *Éthique*, 1677 (posth.)

689 **« C'est faire un pléonasme que de dire : "la volonté de vivre", et non pas simplement "la volonté", car c'est tout un. »**

Schopenhauer, *Le Monde comme volonté et comme représentation*, 1818.

690 **« Vouloir vivre, c'est aussi être sûr de vivre, et tant que la volonté de vivre nous anime, nous n'avons pas à nous inquiéter pour notre existence, même à l'heure de la mort. »**

Schopenhauer, *Le Monde comme volonté et comme représentation*, 1818.

691 **« Vivre, c'est essentiellement dépouiller, blesser, violenter le faible et l'étranger, l'opprimer, lui imposer durement ses formes propres, l'assimiler ou tout au moins [...] l'exploiter. »**

Nietzsche, *Par-delà le bien et le mal*, 1886.

Tout être vivant cherche naturellement à croître, à conquérir, à étendre sa puissance ; pour Nietzsche, la vie même est synonyme de *volonté de puissance*. Aussi le vouloir d'une pensée saine est-il nécessairement volonté de domination. ◆

Du vouloir aux actes

692 **« L'âme donne l'ordre à la main de se mouvoir, et c'est une opération si facile qu'à peine distingue-t-on l'ordre de son exécution. »**

Saint Augustin, *Les Confessions*, vers 400.

693 **« Du vouloir et du pouvoir joints ensemble, suit l'action, puisque de toute tendance suit l'action lorsqu'elle n'est point empêchée. »**

Leibniz, *Nouveaux Essais sur l'entendement humain*, 1765 (posth.)

694 **« De cela seul que nous avons la volonté de nous promener, il suit que nos jambes se remuent et que nous marchons. »**

Descartes, *Les Passions de l'âme*, 1649.

▶ Puissance de la volonté humaine

695 **« Il n'y a que la seule volonté, que j'expérimente en moi être si grande, que je ne conçois point l'idée d'aucune autre plus ample et plus étendue : en sorte que c'est elle principalement qui me fait connaître que je porte l'image et la ressemblance de Dieu. »**

Descartes, *Méditations métaphysiques*, 1641.

696 **« "Mais le tyran enchaînera…" Quoi ? ta jambe. "Mais il tranchera…" Quoi ? ta tête. Qu'est-ce qu'il ne peut ni enchaîner ni retrancher ? Ta volonté. »**

Épictète, *Entretiens*, vers 130 apr. J.-C.

697 **« Ce colonel, qui va planter des choux, aurait bien voulu être général ; mais si je pouvais chercher dans sa vie, j'apercevrais quelque petite chose qu'il fallait faire, et qu'il n'a point voulu faire. Je lui prouverais qu'il ne voulait pas être général. »**

Alain, *Propos* du 3 octobre 1923.

▶ La volonté bonne

698 **« De tout ce qu'il est possible de concevoir dans le monde, et même en général hors du monde, il n'est rien qui puisse**

sans restriction être tenu pour bon, si ce n'est seulement une BONNE VOLONTÉ. »

Kant, *Fondements de la métaphysique des mœurs*, 1785.

699 **« On ne dit pas qu'un homme est bon parce qu'il a l'esprit bon, mais parce qu'il a une volonté bonne. »**

Saint Thomas d'Aquin, *Somme théologique*, 1273.

700 **« Ce qui fait que la bonne volonté est telle, ce ne sont pas ses œuvres ou ses succès, ce n'est pas son aptitude à atteindre tel ou tel but proposé, c'est seulement le vouloir ; c'est-à-dire que c'est en soi qu'elle est bonne. »**

Kant, *Fondements de la métaphysique des mœurs*, 1785.

La bonne volonté, en effet, se définit par sa seule disposition interne ; c'est la volonté d'agir par devoir, par pur respect de la loi morale en tant que telle.

Autonomie de la volonté

701 **« L'autonomie de la volonté est cette propriété qu'a la volonté d'être à elle-même sa loi. »**

Kant, *Fondements de la métaphysique des mœurs*, 1785.

Conformément à l'étymologie du mot, la volonté est « autonome » dans la mesure où elle se donne à elle-même (préfixe *auto-*) sa propre loi (*nomos* en grec), indépendamment de tout mobile sensible. Quand la volonté cherche la loi qui doit la déterminer ailleurs qu'en elle-même, quand elle se met au service des inclinations et des penchants, elle est dite alors « hétéronome ».

702 **« *L'autonomie* de la volonté est le principe unique de toutes les lois morales et des devoirs qui y sont conformes. »**

Kant, *Critique de la raison pratique*, 1788.

7. LA RELIGION

▶ Le sacré et le profane

703 **« Toute conception religieuse du monde implique la distinction du sacré et du profane [...]. Ces deux mondes, celui du sacré et du profane, ne se définissent rigoureusement que l'un par l'autre. Ils s'excluent et ils se supposent. »**
Roger Caillois, *L'Homme et le Sacré*, 1939.

704 **« L'humain n'est authentiquement l'humain que là où il est soutenu par l'armature incorruptible du sacré. »**
Gabriel Marcel, *Homo viator*, 1944.

705 **« Sacraliser la condition humaine, c'est la transposer, c'est refuser de l'accepter comme se suffisant à elle-même, c'est la faire passer du plan réel sur le plan idéal. »**
Jean Cazeneuve, *Sociologie du rite*, 1971.

▶ Diverses conceptions de Dieu

706 **« Nous appelons Dieu un vivant éternel parfait ; la vie et la durée continue et éternelle appartiennent donc à Dieu, car c'est cela même qui est Dieu. »**
Aristote, *La Métaphysique*, IVe s. av. J.-C.

707 **« Par le nom de Dieu, j'entends une substance infinie, éternelle, immuable, indépendante, toute connaissante, toute puissante, et par laquelle moi-même et toutes les choses qui sont [...] ont été créées et produites. »**
Descartes, *Méditations métaphysiques*, 1641.

708 **De Dieu : « Par cause de soi, j'entends ce dont l'essence enveloppe l'existence, autrement dit ce dont la nature ne peut être conçue autrement qu'existante. »**

Spinoza, *Éthique*, 1677 (posth.)

Dieu est pour Spinoza le seul être dont l'essence implique l'existence, le seul être qui n'a besoin que de soi-même pour exister ; il est la substance absolument infinie ; il *est* la Nature. ◆

709 **« Cet Être éternel et infini que nous appelons Dieu ou la Nature... »**

Spinoza, *Éthique*, 1677 (posth.)

710 **« Le plus important des événements récents, – le fait que « Dieu est mort », que la croyance au Dieu chrétien a été ébranlée – commence déjà à projeter sur l'Europe ses premières ombres. »**

Nietzsche, *Le Gai Savoir*, 1883.

En annonçant la mort de Dieu, Nietzsche pense très précisément au Dieu des chrétiens, qui s'est évanoui lentement, qui a quitté petit à petit la scène européenne. C'est pour lui l'événement majeur de la fin du XIXe siècle : la disparition progressive de la foi chrétienne marque l'effondrement de l'ancien monde (celui des idoles) et l'avènement de la modernité (le nihilisme, la perte du sens, la ruine de toutes les valeurs). ◆

▶ Dieu et le scandale du mal

711 **« Le Seigneur vit que les hommes étaient de plus en plus malfaisants dans le monde, et que les penchants de leur cœur les portaient de façon constante et radicale vers le mal. Il en fut attristé et regretta d'avoir fait des hommes sur la terre. »**

La Bible, Ancien Testament, Genèse.

712 **« Il faut que nous naissions coupables, ou Dieu serait injuste. »**
Pascal, *Pensées*, 1670 (posth.)

Comment concilier en effet la présence du mal sur la terre avec l'infinie bonté d'un Dieu tout-puissant ? Pour Pascal, comme pour l'Église chrétienne, la faute du premier homme (Adam désobéissant à Dieu) rejaillit sur toute sa descendance, si bien qu'aujourd'hui encore, chaque homme qui voit le jour naît « coupable ». Si tel n'était pas le cas, alors il faudrait tenir Dieu pour responsable du massacre des innocents. ◆

713 **« Il n'est pas possible d'expliquer distinctement comment Dieu peut être la cause médiate de toutes les actions humaines sans être l'auteur du péché et de la dépravation morale. »**
Hume, *Enquête sur l'entendement humain*, 1748.

714 **« Dieu est aussi peu la cause du péché que le courant de la rivière est la cause du retardement du bateau. »**
Leibniz, *Essais de Théodicée*, 1710.

715 **« Du jour où tu commenceras à comprendre que le responsable de presque tous les maux de la vie, ce n'est pas Dieu, ce sont les hommes, tu ne prendras plus ton parti de ces maux. »**
Gide, *Les Nourritures terrestres*, 1897.

▶ Origines de la religion

716 **« La religion est une réaction défensive de la nature contre la représentation, par l'intelligence, de l'inévitabilité de la mort. »**
Bergson, *Les Deux Sources de la morale et de la religion*, 1932.

Bergson parle là de la *religion statique*, qui remplit la double fonction d'assurer la cohésion sociale et de prémunir l'homme contre l'angoisse de la mort. La *religion dynamique*, quant à elle, transporte l'âme sur un plan surnaturel. ◆

717 **« Ôtez la crainte de l'enfer à un chrétien, et vous lui ôterez sa croyance. »**

Diderot, *Addition aux Pensées philosophiques*, 1762.

718 **« Jamais encore, ni directement ni indirectement, ni sous forme de dogme ni sous forme de parabole, une religion n'a contenu de vérité. Car toute religion est née de la peur et du besoin. »**

Nietzsche, *Humain, trop humain*, 1878.

719 **« La religion serait la névrose obsessionnelle universelle de l'humanité ; comme celle de l'enfant, elle dérive du complexe d'Œdipe, des rapports de l'enfant au père. »**

Freud, *L'Avenir d'une illusion*, 1927.

Ce père protecteur pour lequel nous avons tous, enfants, éprouvé une admiration teintée de haine et de jalousie, n'est-ce pas l'éternelle figure de Dieu-le-Père, qui sait se faire à la fois craindre et aimer ? ◆

720 **« L'histoire romaine [...] prouve combien la religion est utile pour commander les armées, pour réconforter le peuple, pour maintenir les gens de bien et faire rougir les méchants. »**

Machiavel, *Sur la première décade de Tite-Live*, 1531 (posth.)

721 **« Le corps humain est le tombeau des dieux. »**

Alain, *Système des Beaux-Arts*, 1920.

Les religions et toutes les fictions que les hommes se sont forgées trouvent leur origine, selon Alain, dans de simples mécanismes physiologiques. Que notre corps souffre, s'emporte ou se mette à trembler, et nous appelons les dieux à notre secours. ◆

▶ Foi et raison

722 **« Crois et tu comprendras ; la foi précède, l'intelligence suit. »**

Saint Augustin, *Sermons, 118*, début du Ve s.

723 **« Le cœur a ses raisons, que la raison ne connaît point. »**
Pascal, *Pensées*, 1670 (posth.)

724 **« La conduite de Dieu, qui dispose toutes choses avec douceur, est de mettre la religion dans l'esprit par les raisons, et dans le cœur par la grâce. »**
Pascal, *Pensées*, 1670 (posth.)

725 **« Si la raison est un don du ciel, et que l'on en puisse en dire autant de la foi, le ciel nous a fait deux présents incompatibles et contradictoires. »**
Diderot, *Addition aux Pensées philosophiques*, 1762.

726 **« Douter ou philosopher, aux yeux de la religion, c'est se placer volontairement dans la disposition prochaine de ne plus croire. »**
Proudhon, *De la Création de l'ordre dans l'humanité*, 1843.

▶ La « vraie » foi

727 **« Pour certaines gens, les cantiques sont un opium pour la conscience et un oreiller sur lequel on peut tranquillement dormir. »**
Kant, *La Religion dans les limites de la simple raison*, 1793.

« La religion sans la conscience morale est un culte superstitieux », dit encore Kant. En effet, Dieu a mis en nous un tribunal (la conscience) pour que nous nous abstenions de commettre de mauvaise actions et que nous soyons attentifs à suivre toujours la voie du bien. Les louanges et les prières ne suffisent pas à faire un bon chrétien. ◆

728 **« La piété, ce n'est pas se montrer à tout instant la tête voilée devant une pierre, ce n'est pas s'approcher de tous les autels, ce n'est pas se prosterner sur le sol la paume ouverte**

en face des statues divines [...] ; mais c'est bien plutôt regarder toutes choses de ce monde avec sérénité. »

Lucrèce, *De la Nature*, Ier s. av. J.-C.

729 **« La religion en tant que source de consolation est un obstacle à la véritable foi : en ce sens l'athéisme est une purification. »**

Simone Weil, *La Pesanteur et la Grâce*, 1947.

Pour Simone Weil, l'athée qui n'a jamais eu l'expérience de Dieu est tout de même plus proche de Dieu que celui qui ne voit en lui qu'une idole à adorer. ◆

▶ Fanatisme et intolérance

730 **« Le fanatisme n'est pas une erreur, mais une fureur aveugle et stupide que la raison ne retient jamais. »**

Rousseau, *Lettre à d'Alembert*, 1758.

731 **« Je suppose que l'ordre fanatique, par sa perfection même, s'est trouvé la source des plus grands maux. [...] La seule idée qu'il y a des dissidents quelque part, la seule idée que le monde entier des hommes n'est pas encore converti, jette aussitôt le fanatisme en la plus folle des entreprises, la guerre. »**

Alain, *Propos* du 1er octobre 1934.

732 **« Combien de fois n'ai-je pas observé avec étonnement des hommes, qui se vantent de professer la religion chrétienne, c'est-à-dire l'amour, la joie, la paix [...], se combattre avec la plus incroyable malveillance et se témoigner quotidiennement la haine la plus vive ; si bien que leur foi se faisait connaître plus à la fureur de leur attitude, qu'à leur pratique des vertus. »**

Spinoza, *Traité théologico-politique*, 1670.

733 **« Je vous dis qu'il faut regarder tous les hommes comme nos frères. Quoi ! mon frère le Turc ? mon frère le Chinois ? le Juif ? le Siamois ? Oui, sans doute ; ne sommes-nous pas tous enfants du même père, et créatures du même Dieu ? »**

Voltaire, *Traité sur la tolérance*, 1763.

▶ Critiques de la religion

734 **« Le fondement de la critique irréligieuse est : c'est l'homme qui fait la religion, ce n'est pas la religion qui fait l'homme. »**

Marx, *Critique de la philosophie du droit de Hegel*, 1844.

735 **« Qu'est-ce que la religion ? – Un besoin apparu à un stade d'évolution inférieur et dont la classe supérieure s'est servie pour tenir la classe inférieure sous sa domination. »**

Strindberg, *Petit catéchisme à l'usage de la classe inférieure*, 1886.

736 **« Peut-être n'y a-t-il rien de si vénérable dans le christianisme et le bouddhisme que leur art d'enseigner même aux plus humbles à trouver, grâce à la piété, leur place dans un ordre imaginaire et supérieur des choses ; ils continuent ainsi de se satisfaire de l'ordre réel qui leur fait la vie si dure, – dureté qui est précisément nécessaire. »**

Nietzsche, *Par-delà le bien et le mal*, 1886.

737 **« La religion est le soupir de la créature opprimée, l'âme d'un monde sans cœur, de même qu'elle est l'esprit de situations dépourvues d'esprit. Elle est l'*opium* du peuple. »**

Marx, *Critique de la philosophie du droit de Hegel*, 1844.

La religion, selon Marx, concourt à endormir la conscience politique du peuple, en ce qu'elle lui fait miroiter dans un illusoire au-delà des joies qu'il ne peut trouver ici-bas. Âme d'un monde sans âme, la religion masque à l'homme sa véritable condition. ◆

8. LA POLITIQUE

▶ L'homme : un animal politique

738 **« Toute cité est un fait de nature, [...] et l'homme est par nature un animal politique. »**

Aristote, *La Politique*, IVe s. av. J.-C.

739 **« La science souveraine et au plus haut point organisatrice [...], c'est la science politique. »**

Aristote, *Éthique à Nicomaque*, IVe s. av. J.-C.

740 **« J'avais vu que tout tenait radicalement à la politique, et que, de quelque façon qu'on s'y prît, aucun peuple ne serait jamais que ce que la nature de son gouvernement le ferait être. »**

Rousseau, *Confessions*, 1782 (posth.)

▶ République et démocratie

741 **« Lorsque, dans la république, le peuple en corps a la souveraine puissance, c'est une *démocratie.* »**

Montesquieu, *De l'esprit des lois*, 1748.

742 **« Cet État est le plus libre, dont les lois sont fondées en droite raison, car dans cet État chacun, dès qu'il le veut, peut être libre, c'est-à-dire vivre de son entier consentement sous la conduite de la raison. »**

Spinoza, *Traité théologico-politique*, 1670.

743 **Dans une démocratie, « les sujets et le souverain ne sont que les mêmes hommes sous différents rapports ».**

Rousseau, *Lettre à d'Alembert*, 1758.

744 **« S'il y avait un peuple de dieux, il se gouvernerait démocratiquement. Un gouvernement si parfait ne convient pas à des hommes. »**

Rousseau, *Du contrat social*, 1762.

▶ Monarchie, despotisme et tyrannie

745 **« Le [gouvernement] monarchique [est] celui où un seul gouverne, mais par des lois fixes et établies ; au lieu que, dans le despotique, un seul, sans loi et sans règle, entraîne tout par sa volonté et par ses caprices. »**

Montesquieu, *De l'esprit des lois*, 1748.

746 **« Un gouvernement qui serait fondé sur le principe de la bienveillance envers le peuple, tel celui du père envers ses enfants, c'est-à-dire un *gouvernement paternel*, [...] est le plus grand *despotisme* que l'on puisse concevoir. »**

Kant, *Théorie et Pratique*, 1793.

747 **« Un État qui rapetisse ses sujets, en vue d'en faire les dociles instruments de ses projets, même si ceux-ci sont bienfaisants, trouvera qu'en réalité avec de petits hommes il ne peut pas faire de grandes choses. »**

John Stuart Mill, *De la liberté*, 1859.

748 **« *Le despotisme* est le gouvernement où le chef de l'État exécute arbitrairement les lois qu'il s'est données à lui-même, et où par conséquent il substitue sa volonté particulière à la volonté publique. »**

Kant, *Projet de paix perpétuelle*, 1795.

749 **« J'appelle [...] despote l'usurpateur du pouvoir souverain [...]. Le despote est celui qui se met au-dessus des lois mêmes. »**

Rousseau, *Du contrat social*, 1762.

750 **« On dira que le despote assure à ses sujets la tranquillité civile. Soit ; mais [...] qu'y gagnent-ils, si cette tranquillité même est une de leurs misères ? On vit tranquille aussi dans les cachots. »**

Rousseau, *Du contrat social*, 1762.

751 **« La tyrannie n'est [...] que la monarchie tournée à l'utilité du monarque. »**

Aristote, *La Politique*, IVe s. av. J.-C.

▶ Pouvoir et subordination

752 **« Omniprésence du pouvoir : non point parce qu'il aurait le privilège de tout regrouper sous son invincible unité, mais parce qu'il se produit à chaque instant, en tout point, ou plutôt dans toute relation d'un point à un autre. »**

Foucault, *La Volonté de savoir*, 1976.

Le pouvoir ne se possède pas ; il n'est pas la propriété exclusive de l'État ou de la classe dirigeante. Disons plutôt, avec Foucault, qu'il *s'exerce*, comme stratégie de domination ou comme simple rapport de force, dans toute relation sociale, quelle qu'elle soit. Le pouvoir n'est donc pas « concentré » dans les mains de quelques-uns ; il « est partout ». ◆

753 **Pour un prince, « il est beaucoup plus sûr de se faire craindre qu'aimer ».**

Machiavel, *Le Prince*, 1532 (posth.)

754 **« Je voudrais seulement comprendre comment il se peut faire que tant d'hommes, tant de bourgs, tant de villes, tant**

de nations supportent quelquefois tout d'un tyran seul, qui n'a de puissance que celle qu'ils lui donnent, qui n'a pouvoir de leur nuire qu'autant qu'ils veulent bien l'endurer, et qui ne pourrait leur faire aucun mal, s'ils n'aimaient mieux tout supporter de lui que de le contredire. »

La Boétie, *Discours de la servitude volontaire*, vers 1547.

755 **« La paresse et la lâcheté sont les causes qui expliquent qu'un si grand nombre d'hommes, alors que la nature les a affranchis depuis longtemps de toute direction étrangère, restent cependant volontiers, leur vie durant, mineurs ; et qu'ils soit si facile à d'autres de se poser comme leurs tuteurs. »**

Kant, *Qu'est-ce que les Lumières ?*, 1784.

756 **« Résistance et obéissance, voilà les deux vertus du citoyen. Par l'obéissance il assure l'ordre ; par la résistance il assure la liberté. »**

Alain, *Propos* du 4 septembre 1912.

757 **« Tout pouvoir est militaire. [...] Quand le pouvoir n'est pas résolu à forcer l'obéissance, il n'y a plus de pouvoir. »**

Alain, *Propos* du 12 juillet 1930.

▶ Les philosophes-rois

758 **Socrate : « Tant que les philosophes ne seront pas rois dans les cités, ou que ceux qu'on appelle aujourd'hui rois et souverains ne seront pas vraiment et sérieusement philosophes, [...] il n'y aura de cesse aux maux de la cité, ni, ce me semble, à ceux du genre humain. »**

Platon, *La République*, IVe s. av. J.-C.

759 **« Que les rois deviennent philosophes ou les philosophes rois, on ne peut guère s'y attendre et l'on ne doit pas non plus le**

souhaiter, parce que la possession du pouvoir corrompt inévitablement le libre jugement de la raison. »

Kant, *Projet de paix perpétuelle*, 1795.

760 **« Chaque nation est d'autant plus civilisée et polie que les hommes y philosophent mieux ; et ainsi [...] c'est le plus grand bien qui puisse être dans un État que d'avoir de vrais philosophes. »**

Descartes, *Principes de la philosophie*, 1644.

761 **« Les véritables philosophes sont ceux qui commandent et légifèrent. Ils disent : "Voici ce qui doit être !" »**

Nietzsche, *Par-delà le bien et le mal*, 1886.

▶ Révoltes et révolutions

762 **« La révolution n'est pas un dîner de gala ; elle ne se fait pas comme une œuvre littéraire, un dessin ou une broderie [...]. C'est un soulèvement, un acte de violence par lequel une classe en renverse une autre. »**

Mao Tsé-toung, *Le Petit Livre rouge*, 1966.

763 **« On entend par révolution [...] la substitution soudaine, par la violence, d'un pouvoir à un autre. »**

Raymond Aron, *L'Opium des intellectuels*, 1957.

764 **« Le révolté, au sens étymologique, fait volte-face. Il marchait sous le fouet du maître. Le voilà qui fait face. Il oppose ce qui est préférable à ce qui ne l'est pas. »**

Camus, *L'Homme révolté*, 1951.

765 **« Une révolution entraînera peut-être le rejet du despotisme personnel et de l'oppression cupide et autoritaire, mais jamais**

une vraie réforme de la manière de penser ; bien au contraire, de nouveaux préjugés tiendront en lisière, aussi bien que les anciens, la grande masse irréfléchie. »

Kant, *Qu'est-ce que les Lumières ?*, 1784.

▶ Morale et politique

766 **« On a [...] parlé de l'opposition de la morale et de la politique et de l'exigence que la première commande à la seconde. Il y a lieu seulement de remarquer en général que le bien d'un État a une bien autre légitimité que le bien des individus et que la substance morale. »**

Hegel, *Principes de la philosophie du droit*, 1821.

767 **« La subordination réelle de la politique à la morale résulte directement de ce que tous les hommes doivent être conçus, non comme autant d'*êtres* séparés, mais comme les divers *organes* d'un seul Grand-Être. »**

Comte, *Système de politique positive*, 1851.

768 **« La vraie politique ne peut [...] faire un pas sans avoir auparavant rendu hommage à la morale [...]. Toute politique doit s'incliner devant le droit, et c'est ainsi seulement qu'elle peut espérer d'arriver, quoique lentement, à un degré où elle brille d'un éclat durable. »**

Kant, *Projet de paix perpétuelle*, 1795.

9. LA SOCIÉTÉ

▶ Origines de la société

769 **« L'union des forces accroît notre pouvoir ; la division des tâches accroît notre capacité ; l'aide mutuelle fait que nous sommes moins exposés au sort et aux accidents. C'est ce supplément de *force*, de *capacité* et de *sécurité* qui fait l'avantage de la société. »**

Hume, *Traité de la nature humaine*, 1740.

770 **« Le premier qui, ayant enclos un terrain, s'avisa de dire : Ceci est à moi, et trouva des gens assez simples pour le croire, fut le vrai fondateur de la société civile. »**

Rousseau, *Sur l'origine de l'inégalité*, 1755.

771 **« Dès l'instant qu'un homme eut besoin du secours d'un autre [...], l'égalité disparut, la propriété s'introduisit, le travail devint nécessaire, et les vastes forêts se changèrent en des campagnes riantes qu'il fallut arroser de la sueur des hommes, et dans lesquelles on vit bientôt l'esclavage et la misère germer et croître avec les moissons. »**

Rousseau, *Sur l'origine de l'inégalité*, 1755.

▶ Individu et société

772 **« Une société n'est pas plus décomposable en individus qu'une surface géométrique ne l'est en lignes ou une ligne en points. »**

Comte, *Système de politique positive*, 1854.

773 **« Le bien certes est désirable quand il intéresse un individu pris à part ; mais son caractère est plus beau et plus divin, quand il s'applique à un peuple et à des États entiers. »**

Aristote, *Éthique à Nicomaque*, IVe s. av. J.-C.

Car l'homme est essentiellement un animal politique. Aussi la morale est-elle subordonnée à la politique, qui est pour Aristote la science souveraine par excellence, dont dépendent toutes les autres sciences. ◆

774 **« Ce qui n'est pas utile à l'essaim n'est pas utile à l'abeille non plus. »**

Marc-Aurèle, *Pensées pour moi-même*, IIe s. apr. J.-C.

Marc-Aurèle fustige ici l'attitude égoïste de ceux qui cherchent à tirer de toute situation un avantage personnel, au mépris de l'intérêt général. Seul ce qui est utile à la société tout entière mérite d'être recherché. ◆

775 **« Quand même la terre devrait être bientôt bouleversée par un choc céleste, vivre pour autrui, subordonner la personnalité à la sociabilité, ne cesseraient pas de constituer jusqu'au bout le bien et le devoir suprêmes. »**

Comte, *Système de politique positive*, 1854.

« Vivre pour autrui », c'est précisément l'une des devises du positivisme fondé par Auguste Comte. Dans toute société, le sentiment altruiste et la solidarité sociale doivent prévaloir sur l'égoïsme naturel des individus. ◆

776 **« Quiconque refusera d'obéir à la volonté générale y sera contraint par tout le corps : ce qui ne signifie autre chose sinon qu'on le forcera d'être libre. »**

Rousseau, *Du contrat social*, 1762.

▶ Sociabilité et insociabilité

777 **« La cohésion sociale est due, en grande partie, à la nécessité pour une société de se défendre contre d'autres, et [...]**

c'est d'abord contre tous les autres hommes qu'on aime les hommes avec lesquels on vit. »

Bergson, *Les Deux Sources de la morale et de la religion*, 1932.

Le lien social est d'abord défensif : ce qui fait la cohésion de toute communauté humaine est l'hostilité commune de ses membres à l'égard de ceux qui n'en font pas partie. Les politiques le savent bien, qui souvent ressoudent le groupe en détournant l'agressivité de ses membres sur des « boucs émissaires » étrangers au groupe. ◆

778 **« L'homme a un penchant *à s'associer*, car dans un tel état, il se sent plus qu'homme par le développement de ses dispositions naturelles. Mais il manifeste aussi une grande propension *à se détacher* (s'isoler), car il trouve en même temps en lui le caractère d'insociabilité qui le pousse à vouloir tout diriger dans son sens. »**

Kant, *Idée d'une histoire universelle*, 1784.

C'est précisément ce double penchant contradictoire que Kant appelle « l'insociable sociabilité » des hommes. ◆

779 **« J'entends [...] par antagonisme *l'insociable sociabilité* des hommes, c'est-à-dire leur inclination à entrer en société, inclination qui est cependant doublée d'une répulsion générale à le faire, menaçant constamment de désagréger cette société. »**

Kant, *Idée d'une histoire universelle*, 1784.

780 **« Le besoin de société, né du vide et de la monotonie de leur propre intérieur, pousse les hommes les uns vers les autres ; mais leurs nombreuses qualités repoussantes et leurs insupportables défauts les dispersent de nouveau. La distance moyenne qu'ils finissent par découvrir et à laquelle la vie en commun devient possible, c'est la *politesse* et les *belles manières*. »**

Schopenhauer, *Parerga et Paralipomena*, 1851.

781 **« Par suite de cette hostilité primaire qui dresse les hommes les uns contre les autres, la société civilisée est constamment menacée de ruine. »**

Freud, *Malaise dans la civilisation*, 1929.

▶ Le pacte social

782 **« "Trouver une forme d'association qui défende et protège de toute la force commune la personne et les biens de chaque associé, et par laquelle chacun, s'unissant à tous, n'obéisse pourtant qu'à lui-même, et reste aussi libre qu'auparavant." Tel est le problème fondamental dont le Contrat social donne la solution. »**

Rousseau, *Du contrat social*, 1762.

783 **« Ce que l'homme perd par le contrat social, c'est sa liberté naturelle et un droit illimité à tout ce qui le tente et qu'il peut atteindre ; ce qu'il gagne, c'est la liberté civile et la propriété de tout ce qu'il possède. »**

Rousseau, *Du contrat social*, 1762.

▶ Groupes, classes, communautés

784 **« Qu'est-ce que la société ? – La société est une forme de vie communautaire qui permet à la classe supérieure de maintenir la classe inférieure sous sa domination. »**

A. Strindberg, *Petit catéchisme à l'usage de la classe inférieure*, 1886.

785 **« La société est composée de deux grandes classes : ceux qui ont plus de dîners que d'appétit et ceux qui ont plus d'appétit que de dîners. »**

Chamfort, *Maximes et Pensées*, 1795 (posth.)

786 **« Les pensées de la classe dominante sont aussi, à toutes les époques, les pensées dominantes ; autrement dit, la classe qui est la puissance *matérielle* dominante de la société est aussi la puissance dominante *spirituelle*. »**

Marx et Engels, *L'Idéologie allemande*, 1932 (posth.)

787 **« L'histoire de toute société jusqu'à nos jours n'a été que l'histoire de luttes de classes. »**

Marx et Engels, *Manifeste du parti communiste*, 1848.

▶ L'utopie, ou la Cité de nulle part

788 **« L'Utopie, ou le Traité de la meilleure forme de gouvernement. »**

Thomas More, titre complet de *L'Utopie*, 1516.

789 **« La cité qu'il faut placer au premier rang, la cité dont la constitution et les lois sont les meilleures, est celle où régnera le plus complètement possible dans la vie sociale sous toutes ses formes l'antique maxime d'après laquelle tout doit être réellement commun entre amis. »**

Platon, *Les Lois*, IVe s. av. J.-C.

790 **« Si par communisme [...] on entend une société d'où serait absente toute résistance, toute épaisseur, toute opacité ; [...] où les désirs de tous s'accorderaient spontanément [...], il faut dire clairement que c'est là une rêverie incohérente, un état irréel et irréalisable dont la représentation doit être éliminée. »**

Cornélius Castoriadis,
L'Institution imaginaire de la société, 1975.

791 **« Deux amours ont bâti deux cités : l'amour de soi jusqu'au mépris de Dieu fit la cité terrestre ; l'amour de Dieu jusqu'au mépris de soi fit la cité céleste. »**

Saint Augustin, *La Cité de Dieu*, 413-424.

792 **« Il y a si loin de la manière dont on vit à celle dont on devrait vivre, que celui qui tient pour réel et pour vrai ce qui devrait l'être sans doute, mais qui malheureusement ne l'est pas, court à une ruine inévitable. »**

Machiavel, *Le Prince*, 1532 (posth.)

793 **Les philosophes « ne conçoivent point les hommes tels qu'ils sont, mais tels qu'eux-mêmes voudraient qu'ils fussent. De là cette conséquence que la plupart [...] n'ont jamais eu en politique de vues qui puissent être mises en pratique. »**

Spinoza, *Traité politique*, 1677.

► Éduquer, oui ; mais comment ?

794 **« On ne doit pas élever les enfants d'après l'état présent de l'espèce humaine, mais d'après un état meilleur, possible dans l'avenir, c'est-à-dire d'après l'idée de l'humanité et de son entière destination. »**

Kant, *Propos de pédagogie*, 1803.

Il y a deux façons de concevoir la bonne éducation : soit on s'appuie sur le monde tel qu'il est, et on élève l'enfant de telle sorte qu'il puisse s'adapter à ce monde ; soit on part du monde tel qu'il devrait être, et on forme des hommes capables plus tard de transformer le monde pour le rendre conforme à l'idéal d'une humanité libre et respectueuse de la loi morale. La première forme d'éducation se contente de perpétuer les inégalités et les injustices que partout on peut observer ; la seconde seule permet le progrès de l'humanité vers la perfection morale. ◆

795 **« Vous répétez à l'enfant qu'il est menteur, paresseux, méchant ; gardez qu'il ne prenne ces affirmations comme établissant une sorte de contrat entre vous et lui, d'après lequel vous êtes autorisé à vous défier, à espionner, à punir, mais d'après lequel aussi il est autorisé en quelque manière à vous tromper et à faire ce qui lui plaît. »**

Alain, *Propos* du 25 avril 1921.

10. L'ÉTAT

▶ Genèse de l'État

796 **« C'est [...] de l'égoïsme que naît l'État, mais d'un égoïsme bien entendu, procédant méthodiquement, d'un égoïsme qui s'élève au-dessus du point de vue individuel jusqu'à embrasser l'ensemble des individus, et qui en un mot tire la résultante de l'égoïsme commun à nous tous ; servir cet égoïsme-là, c'est la seule raison d'être de l'État. »**

Schopenhauer, *Le Monde comme volonté et comme représentation*, 1818.

797 **« Ce n'est pas seulement en vue de vivre, mais plutôt en vue d'une vie heureuse qu'on s'assemble en une cité (car autrement il existerait aussi une cité d'esclaves et une cité d'animaux, alors qu'en fait il n'en existe pas, parce qu'ils ne participent ni au bonheur ni à la vie guidée par un choix réfléchi). »**

Aristote, *La Politique*, IVe s. av. J.-C.

798 **« Tout gouvernement civil est en réalité institué pour défendre le riche contre le pauvre. »**

Adam Smith, *Sur la nature et les causes de la richesse des nations*, 1776.

▶ Sujets et citoyens

799 **« De quoi fait profession le citoyen ? De n'avoir aucun intérêt personnel, de ne jamais délibérer comme s'il était isolé, mais d'agir comme le feraient la main ou le pied s'ils pouvaient raisonner et comprendre l'ordre de la nature : ils n'auraient jamais ni aspiration ni désir sans les rapporter au tout. »**

Épictète, *Entretiens*, vers 130 apr. J.-C.

800 **Il n'y a [...] point de liberté sans lois, ni où quelqu'un est au-dessus des lois [...]. Un peuple libre obéit, mais il ne sert pas ; il a des chefs et non pas des maîtres ; il obéit aux lois, mais il n'obéit qu'aux lois et c'est par la force des lois qu'il n'obéit pas aux hommes. »**

Rousseau, *Lettres écrites de la Montagne*, 1764.

801 **« Dans un État et sous un commandement pour lesquels la loi suprême est le salut de tout le peuple, non de celui qui commande, celui qui obéit en tout au souverain ne doit pas être dit un esclave inutile à lui-même, mais un sujet. »**

Spinoza, *Traité théologico-politique*, 1670.

▶ Les droits de l'homme en question

802 **« Le gouvernement est institué pour garantir à l'homme la jouissance de ses droits naturels et imprescriptibles. Ces droits sont l'égalité, la liberté, la sûreté, la propriété. »**

Déclaration des droits de l'homme et du citoyen, 24 juin 1793.

803 **« Le droit de propriété est celui qui appartient à tout citoyen de jouir et de disposer à son gré de ses biens, de ses revenus, du fruit de son travail et de son industrie. »**

Déclaration des droits de l'homme et du citoyen, 24 juin 1793.

804 **« Le droit de propriété est donc le droit de jouir de sa fortune et d'en disposer « à son gré », sans se soucier des autres hommes, indépendamment de la société ; c'est le droit de l'égoïsme. »**

Marx, *La Question juive*, 1844.

805 **« La sûreté consiste dans la protection accordée par la société à chacun de ses membres pour la conservation de sa personne, de ses droits et de ses propriétés. »**

Déclaration des droits de l'homme et du citoyen, 24 juin 1793.

806 **« La sûreté est la notion sociale la plus haute de la société bourgeoise, la notion de la *police* : toute la société n'existe que pour garantir à chacun de ses membres la conservation de sa personne, de ses droits et de ses propriétés. »**

Marx, *La Question juive*, 1844.

807 **« Renoncer à sa liberté, c'est renoncer à sa qualité d'homme, aux droits de l'humanité, même à ses devoirs. »**

Rousseau, *Du contrat social*, 1762.

▶ Trop d'État ou pas assez ?

808 **« Tout dans l'État, rien contre l'État, rien en dehors de l'État. »**

Mussolini, *Discours* à la Chambre des Députés, 26 mai 1927.

Voilà un résumé saisissant de la doctrine fasciste. ◆

809 **« La politique [...] doit avoir pour objet immédiat et unique la destruction des États. »**

Bakounine, Lettre du 5 octobre 1872.

Comme les autres anarchistes, Bakounine rejette l'autorité de l'État, dans lequel il ne voit qu'une puissante machine à assujettir l'individu. ◆

810 **« Si l'État est fort, il nous écrase. S'il est faible, nous périssons. »**

Valéry, *Regards sur le monde actuel*, 1945.

811 **« Il n'y a rien, absolument rien dans l'État, du haut de la hiérarchie jusqu'en bas, qui ne soit abus à réformer, parasitisme à supprimer, instrument de tyrannie à détruire. »**

Proudhon, *L'idée générale de la Révolution*, 1851.

▶ Ordre et violence

812 **« Ce n'est pas la violence qui restaure, mais la violence qui ruine qu'il faut condamner. »**
Machiavel, *Sur la première décade de Tite-Live*, 1531 (posth.)

813 **« La violence se donne toujours pour une *contre-violence*, c'est-à-dire pour une riposte à la violence de l'Autre. »**
Sartre, *Critique de la raison dialectique*, 1960.

814 **« Il faut concevoir l'État contemporain comme une communauté humaine qui, dans les limites d'un territoire déterminé […], revendique avec succès pour son propre compte *le monopole de la violence physique légitime*. »**
Max Weber, *Le Savant et le Politique*, 1921 (posth.)

▶ L'État monstrueux

815 **« L'État, c'est le plus froid de tous les monstres froids. Il ment froidement ; et voici le mensonge qui s'échappe de sa bouche : "Moi, l'État, je suis le Peuple." »**
Nietzsche, *Ainsi parlait Zarathoustra*, 1883-1885.

816 **« L'État ne poursuit jamais qu'un but : limiter, enchaîner, assujettir l'individu. »**
Max Stirner, *L'Unique et sa propriété*, 1845.

L'État signifie pour Stirner la négation même de l'individu, de la puissance individuelle, de la propriété individuelle. Dans l'État, le moi se voit contraint de poursuivre des buts collectifs et de respecter des règles qui sont conçues pour s'appliquer à tous. L'État implique la « mutilation » du moi. ◆

817 **« Ce gros Léviathan, qui est fait d'une masse d'hommes, fait voir des pensées d'enfant en bas âge ; ou plutôt il ne pense point. »**

Alain, *Propos*, 1935.

Alain reprend ici la métaphore inaugurée par Hobbes, qui comparait l'État détenteur du pouvoir absolu au Léviathan, monstre marin évoqué dans la Bible. ◆

▶ La raison d'État

818 **Les lois et l'État à Socrate : « Qu'est-ce donc que ta sagesse, si tu ne sais pas que la patrie est plus précieuse, plus respectable, plus sacrée qu'une mère, qu'un père et que tous les ancêtres [...] ; qu'il faut avoir pour elle, quand elle est en colère, plus de vénération, de soumission et d'égards que pour un père, et, dans ce cas, ou la ramener par la persuasion ou faire ce qu'elle ordonne et souffrir en silence ce qu'elle vous ordonne de souffrir. »**

Platon, *Criton*, IVe s. av. J.-C.

819 **« On doit bien comprendre qu'il n'est pas possible à un prince [...] d'observer dans sa conduite tout ce qui fait que les hommes sont réputés gens de bien, et qu'il est souvent obligé, pour maintenir l'État, d'agir contre l'humanité, contre la charité, contre la religion même. »**

Machiavel, *Le Prince*, 1532 (posth.)

820 **« Que le prince songe donc uniquement à conserver sa vie et son État : s'il y réussit, tous les moyens qu'il aura pris seront jugés honorables et loués par tout le monde. »**

Machiavel, *Le Prince*, 1532 (posth.)

821 **« Si l'on justifie la perfidie et le meurtre par la considération du bien public, le bien public devient bientôt le prétexte, et la perfidie et le meurtre, le but véritable. »**

Edmund Burke, *Réflexions sur la Révolution française*, 1790.

► La guerre

822 **« Salut à la guerre ! C'est par elle que l'homme, à peine sorti de la boue qui lui sert de matrice, se pose dans sa majesté et sa vaillance. C'est sur le corps d'un ennemi battu qu'il fait son premier rêve de gloire et d'immortalité. »**

Proudhon, *La Guerre et la Paix*, 1861.

823 **« La guerre est un acte de violence destiné à contraindre l'adversaire à exécuter notre volonté. »**

Clausewitz, *De la Guerre*, 1833.

824 **La guerre « est une continuation de la politique par d'autres moyens. »**

Clausewitz, *De la Guerre*, 1833.

C'est à la diplomatie de régler, en temps de paix, les divers conflits qui peuvent naître entre deux États ; mais quand le dialogue échoue, les militaires prennent le relai des diplomates. Nous n'avons que trop tendance à l'oublier : les relations politiques entre nations se réduisent la plupart du temps à des rapports de forces, et la guerre n'est qu'un moyen parmi d'autres d'affirmer sa suprématie. ◆

825 **« La politique est une guerre sans effusion de sang et la guerre une politique sanglante. »**

Mao Tsé-toung, *De la Guerre prolongée*, 1938.

826 **« Un État n'est pas [...] un bien ; c'est une société d'hommes à laquelle ne peut commander et dont ne peut disposer personne, si ce n'est elle-même. »**

Kant, *Projet de paix perpétuelle*, 1795.

La communauté humaine n'est pas une chose (un bien) qu'on peut acquérir ou céder à son gré. Un État, en tant que personne morale, ne peut être ni vendu ni échangé, ni même possédé. Celui qui prétendrait se l'approprier, comme on s'approprie un terrain, le ravalerait au rang d'un objet. ◆

11. LE DROIT, LA JUSTICE

Qu'est-ce que la justice ?

827 **« La justice est une disposition constante de l'âme à attribuer à chacun ce qui d'après le droit civil lui revient. »**

Spinoza, *Traité théologico-politique*, 1670.

828 **« Le juste [...] est ce qui est conforme à la loi et ce qui respecte l'égalité, et l'injuste ce qui est contraire à la loi et ce qui manque à l'égalité. »**

Aristote, *Éthique à Nicomaque*, IVe s. av. J.-C.

829 **« La justice [...], c'est le respect, spontanément éprouvé et réciproquement garanti, de la dignité humaine, en quelque personne et dans quelque circonstance qu'elle se trouve compromise, et à quelque risque que nous expose sa défense. »**

Proudhon, *De la Justice*, 1858.

830 **Socrate : « [La justice] veut que l'homme règle bien ses vraies affaires domestiques, qu'il prenne le commandement de lui-même, mette de l'ordre en lui et gagne sa propre amitié. »**

Platon, *La République*, IVe s. av. J.-C.

831 **« Toute action est juste qui peut faire coexister le libre arbitre de chacun avec la liberté de tout autre selon une loi universelle. »**

Kant, *Doctrine du droit*, 1797.

Origine de la justice

832 **« Avant qu'il y eut des gouvernements dans le monde, il n'y avait ni juste, ni injuste, parce que la nature de ces choses est**

relative au commandement qui les précède, et que toute action est de soi-même indifférente. »

Hobbes, *Du citoyen*, 1642.

833 **« Là où il n'y a pas de puissance clairement reconnue pour prédominante et où une lutte n'amènerait que des dommages réciproques sans résultat, naît l'idée de s'entendre et de négocier sur les prétentions de part et d'autre : le caractère de troc est le caractère initial de la justice. »**

Nietzsche, *Humain, trop humain*, 1878.

834 **« On vit un homme nuire à son bienfaiteur. Deux sentiments s'élevèrent à l'instant dans tous les cœurs : la haine pour l'ingrat, l'amour pour l'homme bienfaisant. [...] Pour prévenir de pareils maux, les hommes se déterminèrent à faire des lois, et à ordonner des punitions pour qui y contreviendraient. Telle fut l'origine de la justice. »**

Machiavel, *Sur la première décade de Tite-Live*, 1531 (posth.)

▶ Droit naturel et droit positif

835 **« Le *Droit de nature*, que les auteurs appellent généralement *jus naturale*, est la liberté qu'a chacun d'user comme il le veut de son pouvoir propre, pour la préservation de sa propre nature. »**

Hobbes, *Léviathan*, 1651.

836 **« Les poissons sont déterminés, de par leur nature, à nager et les plus gros à manger les petits ; en conséquence, les poissons sont maîtres de l'eau et les plus gros mangent les petits, en vertu d'un droit naturel souverain. »**

Spinoza, *Traité théologico-politique*, 1670.

837 **« Le droit naturel de la Nature entière et conséquemment de chaque individu s'étend jusqu'où va sa puissance. »**

Spinoza, *Traité politique*, 1677.

838 **« La loi, en général, est la raison humaine, en tant qu'elle gouverne tous les peuples de la terre ; et les lois politiques et civiles de chaque nation ne doivent être que les cas particuliers où s'applique cette raison humaine. »**

Montesquieu, *De l'esprit des lois*, 1748.

839 **« Hors de la société civile, chacun jouit d'une liberté très entière, mais qui est infructueuse, parce que, comme elle donne le privilège de faire tout ce que bon nous semble, aussi laisse-t-elle aux autres la puissance de nous faire souffrir tout ce qu'il leur plaît. »**

Hobbes, *Du citoyen*, 1642.

▶ La force et le droit

840 **Calliclès : « La justice consiste en ce que le meilleur ait plus que le moins bon et le plus fort plus que le moins fort. Partout il en est ainsi, c'est ce que la nature enseigne, chez toutes les espèces animales, chez toutes les races humaines et dans toutes les cités ! »**

Platon, *Gorgias*, IVe s. av. J.-C.

La loi dont le sophiste Calliclès fait ici l'apologie est la *loi du plus fort*, qui s'oppose à la justice conventionnelle des hommes en ce qu'elle légitime la domination du puissant sur le faible. ◆

841 **« Ne pouvant faire que ce qui est juste fût fort, on a fait que ce qui est fort fût juste. »**

Pascal, *Pensées*, 1670 (posth.)

842 **« La force elle-même, en tant qu'elle est vraiment force, ne se conserve que par l'effet de la loi et du droit. »**

Jamblique, *Protreptique*, IIIe-IVe s. apr. J.-C.

Bien avant Rousseau, Jamblique montre que le souverain, même « doté d'une nature invulnérable », ne saurait conserver longtemps sa puissance s'il ne cesse de commettre des injustices. En effet, la masse, sûre de son bon droit, ne tarderait pas à se révolter et à renverser son tyran. ◆

843 **« Le plus fort n'est jamais assez fort pour être toujours le maître, s'il ne transforme sa force en droit, et l'obéissance en devoir. »**

Rousseau, *Du contrat social*, 1762.

844 **« Convenons donc que force ne fait pas droit, et qu'on n'est obligé d'obéir qu'aux puissances légitimes. »**

Rousseau, *Du contrat social*, 1762.

845 **« Les droits : des degrés de puissance reconnus et garantis. »**

Nietzsche, *Aurore*, 1881.

▶ Justice et égalité

846 **« Les hommes naissent et demeurent libres et égaux en droits. »**

Déclaration des droits de l'homme et du citoyen, 1789.

847 **« Tous sont égaux devant la loi et ont droit sans distinction à une égale protection de la loi. »**

Déclaration universelle des droits de l'homme, 1948.

848 **« La justice, c'est l'égalité. »**

Alain, *Éléments de philosophie*, 1941.

849 **« Chaque personne a un droit égal à un système pleinement adéquat de libertés et de droits de base égaux pour tous, compatible avec un même système pour tous. »**

John Rawls, *Justice et Démocratie*, 1990.

▶ Qui peut juger ?

850 **« Lorsque, dans la même personne ou dans le même corps de magistrature, la puissance législative est réunie à la puissance exécutrice, il n'y a point de liberté ; parce qu'on peut craindre que le même monarque ou le même sénat ne fasse des lois tyranniques, pour les exécuter tyranniquement. »**

Montesquieu, *De l'esprit des lois*, 1748.

851 **« Si c'est juste *pour moi*, c'est juste. Il est possible que ce ne soit pas pour autant juste pour les autres ; c'est leur affaire, et non la mienne : qu'ils se défendent ! »**

Max Stirner, *L'Unique et sa propriété*, 1845.

Pour Stirner, l'unique source de valeurs est l'individu déployant librement son moi et ne cherchant qu'à accroître sa puissance, indépendamment des règles qui régissent les rapports mutuels des hommes dans la cité. ◆

852 **« Toute personne accusée d'un acte délictueux est présumée innocente jusqu'à ce que sa culpabilité ait été légalement établie au cours d'un procès public où toutes les garanties nécessaires à sa défense lui auront été assurées. »**

Déclaration universelle des droits de l'homme, 1948.

853 **« Ne jugez point, afin que vous ne soyez point jugés ; car on vous jugera du même jugement que vous aurez jugé [...]. Et pourquoi regardes-tu le brin de paille qui est dans l'œil de ton frère, tandis que tu ne vois pas la poutre qui est dans ton œil ? »**

Nouveau Testament, Évangile selon Matthieu.

▶ La loi est-elle toujours équitable ?

854 **L'Étranger : « Jamais une loi ne sera capable d'embrasser avec exactitude ce qui, pour tous à la fois, est le meilleur et le plus juste et de prescrire à tous ce qui vaut le mieux. »**

Platon, *Le Politique*, IVe s. av. J.-C.

La loi est, de par sa nature même, une règle conçue pour s'appliquer à tous ; elle ne saurait avoir prévu tous les cas de figure susceptibles de se présenter. Il peut ainsi arriver que l'application stricte de la loi soit contraire à l'équité, c'est-à-dire au sentiment spontané du juste et de l'injuste. ◆

855 **« La loi est toujours quelque chose de général, et il y a des cas d'espèce pour lesquels il n'est pas possible de poser un énoncé général qui s'y applique avec rectitude. »**

Aristote, *Éthique à Nicomaque*, IVe s. av. J.-C.

856 **« La *justice* et l'*équité* diffèrent en ce que celle-là juge suivant la lettre de la loi, et que celle-ci juge suivant l'esprit dans lequel la loi est censée avoir été faite. »**

Condillac, *Dictionnaire des synonymes*, 1767.

▶ Des peines et des récompenses

857 **« On ne peut déterminer rationnellement [...] si, pour être conforme à la justice, il faut, pour un délit, infliger [...] une peine de prison de un an ou de trois cent soixante-quatre jours ou encore de un an et un, deux ou trois jours. Pourtant, [...] une semaine ou un jour de prison en trop ou en moins sont déjà une injustice. »**

Hegel, *Principes de la philosophie du droit*, 1821.

858 **« Vous avez entendu qu'il a été dit : Œil pour œil, et dent pour dent. Et moi je vous dis de ne pas résister à celui qui**

vous fait du mal. Au contraire, si quelqu'un te frappe sur la joue droite, présente-lui aussi l'autre. »

Nouveau Testament, Évangile selon Matthieu.

859 **« Le châtiment a pour but de rendre meilleur *celui qui châtie.* »**

Nietzsche, *Le Gai Savoir*, 1883.

860 **« Si peine et récompense disparaissaient, du même coup disparaîtraient les motifs les plus puissants qui détournent de certaines actions et poussent à certaines autres ; l'intérêt de l'humanité en exige la perpétuation. »**

Nietzsche, *Humain, trop humain*, 1878.

861 **« Le bagne, les travaux forcés ne relèvent pas le criminel ; ils le punissent tout bonnement et garantissent la société contre les attentats qu'il pourrait encore commettre. »**

Dostoïevski, *Souvenirs de la maison des morts*, 1862.

12. LE BONHEUR

▶ Le bonheur : une notion indéterminée

862 **« Par malheur, le concept du bonheur est un concept si indéterminé que, malgré le désir qu'a tout homme d'arriver à être heureux, personne ne peut jamais dire en termes précis et cohérents ce que véritablement il désire et il veut. »**
Kant, *Fondements de la métaphysique des mœurs*, 1785.

863 **« C'est l'idée que nous avons du bonheur qui nous incline à l'aimer et à vouloir encore y atteindre pour être heureux. »**
Saint Augustin, *Les Confessions*, vers 400.

▶ Le bonheur : dans le plaisir ?

864 **« Le plaisir est le commencement et la fin de la vie heureuse. »**
Épicure, *Lettre à Ménécée*, IIIe s. av. J.-C.

La formule grecque, qu'on traduit traditionnellement par « le commencement et la fin », est tout aussi bien rendue par « le principe et le but ». ◆

865 **« Quand donc nous disons que le plaisir est le but de la vie, nous ne parlons pas des plaisirs de l'homme déréglé, ni de ceux qui consistent dans les jouissances matérielles, ainsi que l'écrivent des gens qui ignorent notre doctrine, ou qui la combattent et la prennent dans un mauvais sens. Le plaisir dont nous parlons est celui qui consiste, pour le corps, à ne pas souffrir et, pour l'âme, à être sans trouble. »**
Épicure, *Lettre à Ménécée*, IIIe s. av. J.-C.

C'est la définition même de l'*ataraxie* (notion commune aux épicuriens et aux stoïciens) : absence de douleur pour le corps et parfaite tranquillité de l'âme. ◆

866 **« Le plaisir achève l'acte, non pas comme le ferait une disposition immanente au sujet, mais comme une sorte de fin survenue par surcroît, de même qu'aux hommes dans la force de l'âge vient s'ajouter la fleur de la jeunesse. »**

Aristote, *Éthique à Nicomaque*, IVe s. av. J.-C.

867 **« Si le bonheur résidait dans les plaisirs corporels, on dirait que les bœufs sont heureux lorsqu'ils trouvent du pois chiche à manger. »**

Héraclite (VIe s. av. J.-C.), cité par Albert le Grand.

▶ Le bonheur dans la contemplation

868 **« Le bonheur ne saurait être qu'une forme de contemplation. »**

Aristote, *Éthique à Nicomaque*, IVe s. av. J.-C.

L'homme se définissant avant tout par son esprit, ce n'est que dans l'activité conforme à sa fonction propre, donc dans la vie contemplative (la pensée), qu'il peut se réaliser et atteindre le vrai bonheur. ◆

869 **« Il vaut mieux être un homme insatisfait qu'un porc satisfait ; il vaut mieux être Socrate insatisfait qu'un imbécile satisfait. »**

John Stuart Mill, *L'Utilitarisme*, 1861.

870 **« Il ne faut pas écouter les gens qui nous conseillent, sous prétexte que nous sommes des hommes, de ne songer qu'aux choses humaines et, sous prétexte que nous sommes mortels, de renoncer aux choses immortelles. »**

Aristote, *Éthique à Nicomaque*, IVe s. av. J.-C.

C'est par l'exercice de ses facultés supérieures, par la contemplation, que l'homme peut s'élever au-dessus de sa condition de mortel et assurer la survie de son âme après la dissolution de son corps. ◆

Les maximes du bonheur

871 **« Ne vous amassez pas de trésors sur la terre, où les mites et les vers font tout disparaître, où les voleurs percent les murs et dérobent. Mais amassez-vous des trésors dans le ciel, où ni les mites ni les vers ne font de ravages, où les voleurs ne percent ni ne dérobent. Car où est ton trésor, là aussi sera ton cœur. »**

Nouveau Testament, Évangile selon Matthieu.

872 **« Il n'y a qu'une route vers le bonheur (que cela soit présent à ton esprit dès l'aurore, jour et nuit), c'est de renoncer aux choses qui ne dépendent pas de notre volonté. »**

Épictète, *Entretiens*, vers 130 apr. J.-C.

Les stoïciens distinguent traditionnellement les choses qui dépendent de nous (nos jugements, nos tendances, nos désirs) de celles qui n'en dépendent pas (la santé, la richesse, la réputation). Celui qui désire des biens qui ne sont pas de son ressort s'expose aux pires déconvenues, car il risque de ne jamais les obtenir, ou bien, les ayant obtenus, de les perdre aussitôt. ◆

873 **« Ne cherche pas à ce que les événements arrivent comme tu veux, mais veuille que les événements arrivent comme ils arrivent, et tu couleras des jours heureux. »**

Épictète, *Manuel*, vers 130 apr. J.-C.

Certes, il est plus facile de changer ses désirs que de modifier le cours des événements en sa faveur. Mais n'est-ce pas là la négation même du désir ? ◆

874 **« Notre grand et glorieux chef-d'œuvre, c'est vivre à propos. »**

Montaigne, *Essais*, 1580-1588.

Cette formule résume à merveille l'art de vivre que prône Montaigne : vivre simplement l'instant présent, dans l'ordre et la tranquillité de la conscience. ◆

875 **« Pour être heureux, il faut penser au bonheur d'un autre. »**

Bachelard, *La Psychanalyse du feu*, 1938.

▶ Où chercher le bonheur ?

876 **« Le bonheur, n'est-ce pas ce à quoi tous aspirent et que personne ne dédaigne ? Où donc l'ont-ils connu pour le vouloir ainsi ? Où l'ont-ils vu pour l'aimer ? Certainement il est en nous : comment ? je ne sais. »**

Saint Augustin, *Les Confessions*, vers 400.

877 **« Une hirondelle ne fait pas le printemps, non plus qu'une seule journée de soleil ; de même ce n'est ni un seul jour ni un court intervalle de temps qui font la félicité et le bonheur. »**

Aristote, *Éthique à Nicomaque*, IVe s. av. J.-C.

Un événement heureux ne fait pas le bonheur. C'est à l'échelle d'une vie entière qu'on peut juger des capacités d'un homme à atteindre le bonheur. ◆

878 **« Le bonheur est une récompense qui vient à ceux qui ne l'ont pas cherchée. »**

Alain, *Propos* du 18 mars 1911.

Le plus sûr moyen de n'être pas heureux, c'est de chercher à l'être par tous les moyens. ◆

13. LA LIBERTÉ

Définitions

879 **« Liberté : c'est un de ces détestables mots qui ont plus de valeur que de sens ; qui chantent plus qu'ils ne parlent. »**
Valéry, *Regards sur le monde actuel*, 1945.

880 **« J'appelle libre, quant à moi, une chose qui est et agit par la seule nécessité de sa nature ; contrainte, celle qui est déterminée par une autre à exister et à agir d'une certaine façon déterminée. »**
Spinoza, Lettre à Schuller, 1674.

881 **« La liberté consiste à pouvoir faire tout ce qui ne nuit pas à autrui. »**
Déclaration des droits de l'homme et du citoyen, 1789.

882 **« Nous sommes libres quand nos actes émanent de notre personnalité entière, quand ils l'expriment, quand ils ont avec elle cette indéfinissable ressemblance qu'on trouve parfois entre l'œuvre et l'artiste. »**
Bergson, *Sur les données immédiates de la conscience*, 1889.

La liberté est conçue par Bergson comme une poussée du moi profond, qui rompt avec les automatismes de la vie quotidienne et, sans aucune raison particulière, éclate à la face du monde dans le pur jaillissement de son être. ◆

883 **« La liberté est le droit de faire tout ce que les lois permettent. »**
Montesquieu, *De l'Esprit des lois*, 1748.

▶ Providence et fatalité

884 **« Tout ce qui arrive est nécessaire et utile au monde universel, dont tu fais partie. »**

Marc-Aurèle, *Pensées pour moi-même*, IIe s. apr. J.-C.

885 **«*Fatum*, disent les Latins : c'était dit ; *mektoub*, disent les Arabes : c'était écrit. [...] La fatalité, c'est le triomphe du langage. »**

Domenach, *Retour au tragique*, 1967.

Le mot « fatalité » vient en effet du latin *fatum*, qui signifie « ce qui était dit » (sous-entendu : par l'oracle). Par quoi l'on voit que le fatalisme, qui postule que la destinée de chacun est fixée d'avance, dérive des pratiques superstitieuses de la divination. ◆

886 **« Le sage [...] se moque du destin, dont certains font le maître absolu des choses. »**

Épicure, *Lettre à Ménécée*, IIIe s. av. J.-C.

887 **Zénon de Cittium « fouettait un esclave qui avait volé ; et comme celui-ci lui dit : "Il était dans ma destinée de voler", il répondit : "Et aussi d'être battu." »**

Anecdote rapportée par Diogène Laërce (IIIe s. apr. J.-C.).

▶ L'homme a-t-il son libre arbitre ?

888 **« C'est par l'effet de [la] volonté éternelle et primitive [de Dieu] que tous les animaux se meuvent selon leur libre arbitre, et que l'homme a le pouvoir de faire tout ce qu'il veut, ou tout ce qu'il préfère d'entre les actions dont il est capable. »**

Maïmonide, *Le Guide des égarés*, XIIe s.

Le libre arbitre désigne primitivement la faculté qu'aurait l'homme de pouvoir choisir (arbitrer) entre deux actions *librement*, c'est-à-dire indépendamment de toute contrainte externe, sans autre cause que le vouloir lui-même. ◆

889 **« La principale perfection de l'homme est d'avoir un libre arbitre, et [...] c'est ce qui le rend digne de louange ou de blâme. »**

Descartes, *Principes de la philosophie*, 1644.

890 **« Si à un instant la roue du monde s'arrêtait et qu'il y eût là une intelligence calculatrice omnisciente pour mettre à profit cette pause, elle pourrait continuer à calculer l'avenir de chaque être jusqu'aux temps les plus éloignés et marquer chaque trace où cette roue passera désormais. »**

Nietzsche, *Humain, trop humain*, 1878.

891 **« Telle est cette liberté humaine que tous se vantent de posséder et qui consiste en cela seul que les hommes sont conscients de leurs désirs et ignorants des causes qui les déterminent. »**

Spinoza, Lettre à Schuller, 1674.

Pour Spinoza, l'illusion du libre arbitre vient du fait que les hommes sont tout à fait conscients de leurs actions, mais qu'ils ignorent les causes qui les déterminent. ◆

892 **« On dirait que [la plupart de ceux qui ont parlé des sentiments et des conduites humaines] conçoivent l'homme dans la Nature comme un empire dans un empire. »**

Spinoza, *Éthique*, 1677 (posth.)

Autrement dit, ils croient à tort que l'homme est à l'origine de ses sentiments et de ses conduites et qu'il a sur ses propres actions « une puissance absolue ». ◆

893 **« Aucun physicien ou physiologue qui étudierait minutieusement le corps de Mozart, et tout particulièrement son cerveau, ne serait capable de prédire sa *Symphonie en sol mineur* d'une manière détaillée. »**

Popper, *L'Univers irrésolu*, 1982.

Rien, ni dans le cerveau de Mozart ni dans son passé proche ou lointain, ne le prédisposait à composer cette symphonie plutôt que telle autre. Ainsi, l'œuvre d'art, dans la mesure où elle ne se laisse épuiser par aucune explication de type déterministe, témoigne au plus haut point du libre arbitre de l'homme. ◆

▶ Indépendance et liberté

894 **« Il faut avoir femmes, enfants, biens, et surtout de la santé, si l'on peut ; mais non pas s'y attacher en manière que notre bonheur en dépende. Il faut se réserver une arrière-boutique toute nôtre, toute franche, en laquelle nous établissions notre vraie liberté et principale retraite et solitude. »**

Montaigne, *Essais*, 1580-1588.

895 **Le sage « est à un suprême degré l'homme qui ne relève que de lui-même ».**

Aristote, *Éthique à Nicomaque*, IVe s. av. J.-C.

C'est-à-dire l'homme qui n'a besoin de personne pour juger de chaque chose et prendre ses décisions. ◆

▶ La liberté de penser

896 **« Toute personne a droit à la liberté de penser, de conscience et de religion. »**

Déclaration universelle des droits de l'homme, 1948.

897 **« Voilà que j'entends crier de tous côtés : "Ne raisonnez pas !" L'officier dit : "Ne raisonnez pas, faites vos exercices !" Le percepteur : "Ne raisonnez pas, payez !" Le prêtre : "Ne raisonnez pas, croyez !" [...] Dans tous ces cas, il y a limitation de la liberté. »**

Kant, *Qu'est-ce que les Lumières ?* 1784.

898 **« L'État qui enlève aux hommes la possibilité de communiquer publiquement leurs pensées leur ôte en même temps la liberté de penser. »**

Kant, *Qu'est-ce que s'orienter dans la pensée ?*, 1786.

Pour Kant en effet, nous pensons d'autant plus librement que nous avons accès à la pensée des autres et que nous pouvons *publiquement* leur faire part de nos propres pensées. Où il n'y a pas de liberté d'expression, il n'y a pas de liberté de penser. ◆

899 **« Non seulement cette liberté [de juger] peut être accordée sans danger pour la piété et la paix de l'État, mais même on ne pourrait la supprimer sans détruire la paix de l'État et la piété. »**

Spinoza, *Traité théologico-politique*, 1670.

900 **« S'il était aussi facile de commander aux esprits qu'aux langues, aucun gouvernement ne se trouverait jamais en péril et aucune autorité n'aurait besoin de s'exercer par des moyens violents. »**

Spinoza, *Traité théologico-politique*, 1670.

901 **« Dès que le plus faible des hommes a compris qu'il peut garder son pouvoir de juger, tout pouvoir extérieur tombe devant celui-là. »**

Alain, *Propos* du 3 fév. 1923.

On peut me priver de tout, sauf de ma liberté de penser. Ainsi, quoi que je sois contraint de faire ou de dire, nul ne peut me contraindre à penser autrement que je pense. ◆

902 **« Le dicton d'après lequel la vérité triomphe toujours de la persécution, est un des plaisants mensonges que les hommes répètent l'un après l'autre jusqu'à ce qu'ils passent en lieux communs [...]. L'histoire est remplie de faits montrant la vérité réduite au silence par la persécution. »**

John Stuart Mill, *De la liberté*, 1859.

▶ Liberté et servitude

903 **« L'homme est né libre, et partout il est dans les fers. Tel se croit le maître des autres, qui ne laisse pas d'être plus esclave qu'eux. »**

Rousseau, *Du contrat social*, 1762.

Antérieurement au contrat social, il n'y a point de liberté concevable pour l'homme. Même le maître est esclave, qui ne tient son pouvoir que de sa force. Qu'il tombe sur un homme plus fort que lui, et le voilà sous le joug d'autrui, d'après le même principe que celui qui l'a fait maître. ◆

904 **« L'impuissance de l'homme à gouverner et à contenir ses sentiments, je l'appelle Servitude. »**

Spinoza, *Éthique*, 1677 (posth.)

905 **« L'homme ne saurait être tantôt libre et tantôt esclave : il est tout entier et toujours libre ou il n'est pas. »**

Sartre, *L'Être et le Néant*, 1943.

L'être de l'homme se confond avec sa liberté. Ainsi l'homme ne cesse d'être libre qu'en cessant de vivre. ◆

▶ Liberté et responsabilité

906 **« L'homme est libre ; sans quoi conseils, exhortations, préceptes, interdictions, récompenses et châtiments seraient vains. »**

Saint Thomas d'Aquin, *Somme théologique*, 1266-1274.

Si l'homme n'est pas doué du libre arbitre, il ne peut être tenu responsable de ses actes. Quel sens y aurait-il à punir ou à récompenser quelqu'un qui ne pouvait agir autrement qu'il ne l'a fait ? ◆

907 **« Qui lance une pierre ne peut plus la rattraper. Toutefois, il était en son pouvoir de la jeter ou de la laisser tomber, car cela dépendait de lui. Il en va de même pour les hommes qui**

pouvaient, dès le début, éviter de devenir injustes et débauchés ; aussi le sont-ils volontairement ; mais une fois qu'ils le sont devenus, ils ne peuvent plus ne pas l'être. »

Aristote, *Éthique à Nicomaque*, IVe s. av. J.-C.

908 **« L'homme est condamné à être libre. Condamné, parce qu'il ne s'est pas créé lui-même, et par ailleurs cependant libre, parce qu'une fois jeté dans le monde, il est responsable de tout ce qu'il fait. »**

Sartre, *L'existentialisme est un humanisme*, 1946.

L'homme est « condamné à être libre », parce qu'il ne peut échapper au devoir de se réaliser lui-même, de se faire être ce qu'il est. ◆

909 **« Jamais nous n'avons été plus libres que sous l'occupation allemande. »**

Sartre, «La République du silence», 1944.

Cette affirmation paradoxale, comme on s'en doute, a fait couler beau coup d'encre. Comment peut-on se déclarer « libre » quand on est asservi, torturé, déporté, humilié ? Provocation gratuite ? Non, Sartre veut dire que la liberté est toujours une conquête, et d'abord une conquête sur soi-même. Il est facile de se dire « responsable » quand on est loin des combats ; c'est au contraire dans les « situations limites » (l'occupation allemande, par exemple), quand toutes les libertés nous ont été ôtées, que notre liberté de choisir (ici, entre collaboration et résistance) prend tout son sens et toute sa dimension. ◆

910 **« Si l'on a conçu les hommes "libres", c'est à seule fin qu'ils puissent être jugés et condamnés, afin qu'ils puissent devenir coupables. »**

Nietzsche, *Crépuscule des idoles*, 1889.

4 ANTHROPOLOGIE, PHILOSOPHIE, MÉTAPHYSIQUE

1. L'ANTHROPOLOGIE

Définitions

911 **« Le domaine de la philosophie se ramène aux questions suivantes :**
1) Que puis-je savoir ?
2) Que dois-je faire ?
3) Que m'est-il permis d'espérer ?
4) Qu'est-ce que l'homme ?
À la première question répond la métaphysique, à la seconde la morale, à la troisième la religion, à la quatrième l'anthropologie. Mais, au fond, on pourrait tout ramener à l'anthropologie, parce que les trois premières questions se rapportent à la dernière. »

Kant, *Logique*, 1800.

912 **Anthropologie : « Une doctrine de la connaissance de l'homme, systématiquement traitée. »**

Kant, *Anthropologie du point de vue pragmatique*, 1798.

913 **« L'anthropologie vise à une connaissance globale de l'homme, embrassant son sujet dans toute son extension historique et géographique. »**

Lévi-Strauss, *Anthropologie structurale*, 1958.

914 **L'anthropologie est « une discipline dont le but premier, sinon le seul, est d'analyser et d'interpréter les différences ».**

Lévi-Strauss, *Anthropologie structurale*, 1958.

L'anthropologie structurale étudie les diverses sociétés humaines, non pour en dégager les similitudes, mais pour en expliquer les différences. ◆

Voyages, voyages...

915 **« Au nombre des moyens d'élargir le champ de l'*anthropologie* se trouve le *voyage*, même réduit à la lecture de relations de voyage. »**

Kant, *Anthropologie du point de vue pragmatique*, 1798.

Affirmation qui ne manque pas de sel, sous la plume d'un homme qui n'a jamais quitté sa ville natale (Königsberg) ! ◆

916 **« Je hais les voyages et les explorateurs. »**

Lévi-Strauss, *Tristes Tropiques*, 1955.

Entre l'homme et l'animal : rupture ou continuité ?

917 **« Il n'y a [...] qu'une chose qui soit propre aux hommes par rapport aux autres animaux : le fait que seuls ils aient la perception du bien, du mal, du juste, de l'injuste et des autres notions de ce genre. »**

Aristote, *La Politique*, IVe s. av. J.-C.

918 **« On n'a jamais vu de chien faire de propos délibéré l'échange d'un os avec un autre chien. »**

Adam Smith, *Sur la nature et les causes de la richesse des nations*, 1776.

Pour Adam Smith, c'est dans l'échange organisé que se voit le mieux la rupture entre l'homme et l'animal. ◆

919 **« Où cesse l'animal, et où commence l'homme ? [...] Aussi longtemps que quelqu'un aspire à la vie comme il aspire à un bonheur, il n'a pas encore élevé le regard au-dessus de l'horizon de l'animal, si ce n'est qu'il veut avec plus de claire conscience ce que l'animal cherche aveuglément. »**

Nietzsche, *Considérations inactuelles*, 1873-1876.

920 **« On s'amuse volontiers [...] à rapprocher les animaux de l'homme. On veut réduire à presque rien la distance qui sépare leurs facultés : elles se touchent, en effet, sauf en un point, qui est bien près d'être tout, c'est que l'un fait par principes ce que les autres font par nécessité et nature, c'est-à-dire que l'un pense et que les autres ont l'air de penser. »**

Lagneau, *Célèbres Leçons et Fragments*, 1950 (posth.)

▶ Qu'est-ce que l'homme ?

921 **« Platon ayant défini l'homme un animal bipède et sans plumes, et l'auditoire ayant approuvé, Diogène apporta dans son école un coq plumé, et dit : "Voilà l'homme selon Platon". »**

Anecdote rapportée par Diogène Laërce (IIIe s. apr. J.-C.).

Diogène le Cynique, dont la légende dit qu'il se promenait en plein jour avec une lanterne, répétant : « Je cherche un homme », montre ici l'inanité de toute définition de l'homme par tel ou tel de ses caractères. L'homme est homme, en cela précisément qu'il ne se laisse enfermer dans aucune définition. ◆

922 **« Un être qui s'habitue à tout, voilà, je pense, la meilleure définition de l'homme. »**

Dostoïevski, *Souvenirs de la maison des morts*, 1862.

923 **« Il est probable qu'il existe un plus grand nombre de définitions de l'homme que d'aucun autre animal, et pour cause : n'est-ce pas lui qui donne les définitions ? »**

Éric Weil, *Logique de la philosophie*, 1950.

Ethnocentrisme et diversité des cultures

924 **« Chacun appelle barbarie ce qui n'est pas de son usage. »**
Montaigne, *Essais*, 1580-1588.

Les hommes ont souvent bien du mal à accepter ceux qui ne vivent pas comme eux. Ainsi, l'attitude *ethnocentriste* consiste à juger toute culture à partir de celle dans laquelle nous avons grandi ; c'est elle qui nous conduit à rejeter comme « barbares » les coutumes qui sont les plus éloignées des nôtres. ◆

925 **A propos des cannibales : « Nous les pouvons donc bien appeler barbares, eu égard aux règles de la raison, mais non pas eu égard à nous, qui les surpassons en toute sorte de barbarie. »**
Montaigne, *Essais*, 1580-1588.

926 **« Il semble que la diversité des cultures soit rarement apparue aux hommes pour ce qu'elle est : un phénomène naturel, résultant des rapports directs ou indirects entre les sociétés ; ils y ont plutôt vu une sorte de monstruosité ou de scandale. »**
Lévi-Strauss, *Race et Histoire*, 1968.

927 **« On préfère rejeter hors de la culture, dans la nature, tout ce qui ne se conforme pas à la norme sous laquelle on vit. »**
Lévi-Strauss, *Race et Histoire*, 1968.

928 **« Le barbare, c'est d'abord l'homme qui croit à la barbarie. »**
Lévi-Strauss, *Race et Histoire*, 1968.

La destination de l'humanité

929 **« Si ce perfectionnement indéfini de notre espèce est, comme je le crois, une loi générale de la nature, l'homme ne doit plus**

se regarder comme un être borné à une existence passagère et isolée [...] ; il devient une partie active du grand tout et le coopérateur d'un ouvrage éternel. »

Condorcet, *Sur l'instruction publique*, 1792.

Ce théoricien du progrès scientifique et moral était en effet convaincu de la perfectibilité indéfinie de l'esprit humain. ◆

930 **« Malheur ! Le temps est proche où l'homme ne mettra plus d'étoile au monde. Malheur ! Le temps est proche du plus méprisable des hommes, qui ne peut plus se mépriser lui-même. Voici ! Je vous montre le *dernier homme.* »**

Nietzsche, *Ainsi parlait Zarathoustra*, 1883-1885.

931 **« L'humanité, considérée dans son âme, n'a jamais été et ne sera jamais accomplie. »**

Husserl, *La Crise des sciences européennes*, 1954.

932 **« Le monde a commencé sans l'homme et il s'achèvera sans lui. »**

Lévi-Strauss, *Tristes Tropiques*, 1955.

▶ Y a-t-il en l'homme de l'inhumain ?

933 **« Les hommes aussi secrètent de l'inhumain. »**

Camus, *Le Mythe de Sisyphe*, 1942.

Et ils ne cessent de le prouver, en soumettant leurs semblables à des traitements cruels, barbares, dégradants, par lesquels ils se rendent indignes de leur condition d'homme. ◆

934 **« L'être humain est au fond un animal sauvage et effroyable. »**

Schopenhauer, *Parerga et Paralipomena*, 1851.

935 **« Cet éclair que nous retrouvons en tout regard dit humain, il se voit aussi bien dans les formes les plus cruelles du sadisme que dans la peinture italienne. C'est lui justement qui fait que tout est possible de la part de l'homme, et jusqu'à la fin. »**

Merleau-Ponty, *Signes*, 1960.

2. LA PHILOSOPHIE

► A l'origine de la philosophie : l'étonnement

936 **« S'étonner : voilà un sentiment qui est tout à fait d'un philosophe. La philosophie, en effet, n'a pas d'autre origine. »**
Platon, *Théétète*, IVe s. av. J.-C.

937 **« C'est l'étonnement qui poussa, comme aujourd'hui, les premiers penseurs aux spéculations philosophiques. »**
Aristote, *La Métaphysique*, IVe s. av. J.-C.

Les premiers penseurs se sont livrés à la spéculation philosophique pour échapper à l'ignorance, dans le seul but d'accroître leurs connaissances, indépendamment de toute fin utilitaire. Car, comme le dit plus loin Aristote, « apercevoir une difficulté et s'étonner, c'est reconnaître sa propre ignorance ». ◆

938 **« Avoir l'esprit philosophique, c'est être capable de s'étonner des événements habituels et des choses de tous les jours. »**
Schopenhauer, *Le Monde comme volonté et comme représentation*, 1818.

939 **« Le premier penseur fut sans nul doute le premier maniaque du *pourquoi*. »**
Cioran, *De l'inconvénient d'être né*, 1973.

940 **« Le philosophe est l'homme qui s'éveille et qui parle, et l'homme contient silencieusement les paradoxes de la philosophie, parce que, pour être tout à fait homme, il faut être un peu plus et un peu moins qu'homme. »**
Merleau-Ponty, *Éloge de la philosophie*, 1953.

▶ Qu'est-ce que la philosophie ?

941 **« La philosophie est la recherche de la réalité par l'étude de l'esprit considéré en lui-même et dans son rapport avec tous ses objets. »**

Lagneau, *Célèbres Leçons et Fragments*, 1950 (posth.)

942 **« La philosophie n'est autre chose que l'application de la raison aux différents objets sur lesquels elle peut s'exercer. »**

D'Alembert, *Sur les éléments de philosophie*, 1758.

943 **« La philosophie est l'art de former, d'inventer, de fabriquer des concepts. »**

Deleuze et Guattari, *Qu'est-ce que la philosophie?*, 1991.

944 **« Quand nous demandons : qu'est-ce que la philosophie ? – alors nous parlons *sur* la philosophie. Questionnant ainsi, nous demeurons manifestement en un lieu qui se trouve au-dessus, c'est-à-dire en dehors de la philosophie. »**

Heidegger, *Questions II*, 1970.

Tel est le paradoxe : ce qu'on considère comme la question philosophique par excellence (qu'est-ce que la philosophie ?) exige que l'on adopte un point de vue méta-philosophique qui soit à la fois extérieur et supérieur à la philosophie même. ◆

945 **« L'activité intellectuelle prenant conscience d'elle-même, voilà ce que c'est que l'étude intégrale de la connaissance intégrale, voilà ce que c'est que la philosophie. »**

Léon Brunschvicg, *La Modalité du jugement*, 1897.

946 **« Le philosophe est celui qui possède la totalité du savoir dans la mesure du possible. »**

Aristote, *La Métaphysique*, IVe s. av. J.-C.

947 **« De même que nous appelons libre celui qui est à lui-même sa propre fin et n'existe pas pour un autre, ainsi [la philosophie] est aussi la seule de toutes les sciences qui soit libre, puisque seule elle est à elle-même sa propre fin. »**

Aristote, *La Métaphysique*, IVe s. av. J.-C.

La philosophie ne vise aucune fin utilitaire ; en ce sens, elle est une « discipline libérale ». ◆

948 **« Ce mot de philosophie signifie l'étude de la sagesse, et [...] par la sagesse on n'entend pas seulement la prudence dans les affaires, mais une parfaite connaissance de toutes les choses que l'homme peut savoir. »**

Descartes, *Principes de la philosophie*, 1644.

▶ Le philosophe dans la cité

949 **« Si tu désires la philosophie, prépare-toi à être ridiculisé et raillé par la foule, et à l'entendre dire : "Il nous est revenu tout à coup philosophe », et : « D'où lui vient cet air hautain ?" »**

Épictète, *Manuel*, vers 130 apr. J.-C.

950 **« L'un, que tu appelles philosophe, élevé au sein de la liberté et du loisir, ne doit pas être blâmé [...] quand, par exemple, il ne sait pas empaqueter une couverture de voyage, assaisonner un plat ou tenir des propos flatteurs. L'autre [le vulgaire] est capable de faire tout cela avec dextérité et promptitude, mais il ne sait pas relever son manteau sur l'épaule droite à la façon d'un homme libre. »**

Platon, *Théétète*, IVe s. av. J.-C.

Sans doute le philosophe se montre-t-il moins habile que le commun des mortels (le « vulgaire ») dans les menues tâches de la vie quotidienne. Mais seul le philosophe est *libre*, qui sait rompre avec les opinions inconsistantes de la foule pour contempler la vérité. ◆

951 **« La plus grande douceur est d'occuper les hauts lieux fortifiés par la pensée des sages, ces régions sereines d'où s'aperçoit au loin le reste des hommes, qui errent çà et là en cherchant au hasard le chemin de la vie. »**

Lucrèce, *De la Nature*, Ier s. av. J.-C.

▶ La tâche critique de la philosophie

952 **« Si nous désirons vaquer sérieusement à l'étude de la philosophie et à la recherche de toutes les vérités que nous sommes capables de connaître, nous nous délivrerons en premier lieu de nos préjugés, et ferons état de rejeter toutes les opinions que nous avons autrefois reçues en notre créance, jusqu'à ce que nous les ayons derechef examinées. »**

Descartes, *Principes de la philosophie*, 1644.

953 **Philosophie : « C'est une disposition de l'âme qui d'abord se met en garde contre les déceptions et humiliations, par la considération de la vanité de presque tous les biens et de presque tous les désirs. »**

Alain, *Définitions*, 1953 (posth.)

954 **« Quiconque veut vraiment devenir philosophe devra "une fois dans sa vie" se replier sur soi-même et, au-dedans de soi, tenter de renverser toutes les sciences admises jusqu'ici et tenter de les reconstruire. »**

Husserl, *Méditations cartésiennes*, 1929.

955 **« Le but de la philosophie est la clarification logique de la pensée. »**

Wittgenstein, *Tractatus logico-philosophicus*, 1921.

Nombre de problèmes philosophiques peuvent être, non pas résolus, mais bel et bien supprimés, dès lors qu'on a montré que les énoncés de ces problèmes transgressaient la grammaire logique de la pensée. D'où la nécessité, maintes fois réaffirmée par Wittgenstein, de faire de la philosophie un instrument d'élucidation de nos propositions. ◆

956 **« Comment philosopher à coups de marteau. »**

Nietzsche, Sous-titre du *Crépuscule des idoles*, 1889.

957 **« Les philosophes n'ont fait qu'interpréter diversement le monde. Ce qui importe, c'est de le transformer. »**

Marx, *Thèses sur Feuerbach*, 1932 (posth.)

Science et philosophie

958 **« Si le regard philosophique procure le recul nécessaire pour considérer la science, le regard scientifique procure le recul nécessaire pour considérer la philosophie. Aussi, leur dialogique binoculaire pourrait procurer le nouveau recul qui nous est nécessaire pour considérer la connaissance. »**

Edgar Morin, *La Connaissance de la Connaissance*, 1986.

959 **« La philosophie sans la science perd bientôt de vue nos rapports réels avec la création pour s'égarer dans des espaces imaginaires ; la science sans la philosophie [...], on ne voit pas qu'elle offre à la raison un aliment digne d'elle, ni qu'elle puisse être prise pour le dernier but des travaux de l'esprit. »**

Cournot, *Sur les fondements de nos connaissances*, 1851.

La science et la philosophie ont besoin l'une de l'autre. Sans la science, la philosophie tombe dans l'irréel ; et sans la philosophie, la science ne parvient pas à s'élever au-dessus du règne de la matière.

960 **« La règle de la science est celle qui a été posée par Bacon : obéir pour commander. Le philosophe n'obéit ni ne commande. Il cherche à sympathiser. »**

Bergson, *La Pensée et le Mouvant*, 1934.

Contrairement au savant qui, par l'*analyse*, ne retient du réel que ce qui lui permet d'agir efficacement sur lui, le philosophe, par l'*intuition*, cherche à se transporter à l'intérieur de l'objet « pour coïncider avec ce qu'il a d'unique et par conséquent d'inexprimable ».

961 **« La philosophie n'est pas contraire à la science, elle se comporte elle-même comme une science, travaille en partie avec les mêmes méthodes, mais elle s'en éloigne dans la mesure où elle s'accroche à l'illusion de pouvoir livrer une image du monde cohérente et sans lacune. »**

Freud, *Nouvelles Conférences sur la psychanalyse*, 1933.

▶ Valeur de la philosophie

962 **« La valeur de la philosophie doit en réalité surtout résider dans son caractère incertain même. »**

Russell, *Problèmes de philosophie*, 1912.

963 **« C'est proprement avoir les yeux fermés, sans tâcher jamais de les ouvrir, que de vivre sans philosopher. »**

Descartes, *Principes de la philosophie*, 1644.

Vivre sans philosopher, c'est rester prisonnier toute notre vie des préjugés, des croyances et des convictions hérités de notre enfance. ◆

964 **« Jusqu'à présent toute grande philosophie fut la confession de son auteur, une sorte de mémoires involontaires. »**

Nietzsche, *Par-delà le bien et le mal*, 1886.

Nietzsche était en effet convaincu que ces édifices soi-disant dictés par la raison ou par la science, indépendamment de toute préoccupation d'ordre moral ou affectif, n'ont pour unique fonction que de légitimer *a posteriori* les convictions intimes de leur auteur. ◆

965 **Aux philosophes et aux amis de la connaissance : « Il y a plus de vérité dans n'importe quel petit point d'interrogation placé après vos formules préférées et vos théories favorites [...] que dans toutes vos attitudes et vos déclarations pompeuses devant procureurs et tribunaux. »**

Nietzsche, *Par-delà le bien et le mal*, 1886.

966 **« La plupart des propositions et des questions qui ont été écrites sur des matières philosophiques sont non pas fausses, mais dépourvues de sens. Pour cette raison, nous ne pouvons absolument pas répondre aux questions de ce genre, mais seulement établir qu'elles sont dépourvues de sens. »**

Wittgenstein, *Tractatus logico-philosophicus*, 1921.

L'activité philosophique, selon Wittgenstein, vise à purifier le langage de tous les énoncés troubles, flous et mal construits qui *paraissent* poser un problème, mais dont l'analyse montre qu'ils sont en réalité dénués de sens. ◆

967 **« Faire de la philosophie, c'est être en route. Les questions, en philosophie, sont plus essentielles que les réponses, et chaque réponse devient une nouvelle question. »**

Jaspers, *Introduction à la philosophie*, 1950.

968 **Hamlet : « Il y a plus de choses dans le ciel et sur la terre [...] que n'en peut rêver votre philosophie. »**

Shakespeare, *Hamlet*, 1600.

Aucun système philosophique ne saurait épuiser la richesse et la complexité du réel. ◆

▶ La prudence du philosophe

969 **« Le plus grand des biens, c'est la prudence. Il faut la mettre au-dessus de la philosophie même, puisqu'elle est faite pour être la source de toutes les vertus. »**

Épicure, *Lettre à Ménécée*, IIIe s. av. J.-C.

970 **« Les vrais philosophes sont comme les éléphants, qui en marchant ne posent jamais le second pied à terre que le premier ne soit bien affermi. »**

Fontenelle, *Entretiens sur la pluralité des mondes*, 1686.

971 **« Quand de nos jours on entend dire d'un homme qu'il mène la vie du "sage" et du "philosophe", cela ne signifie presque rien de plus qu'une vie "prudente" et "retirée". [...] Mais le véritable philosophe, ne le sentons-nous pas, mes amis, ne vit ni en "philosophe" ni en "sage", ni surtout en homme *prudent*... »**

Nietzsche, *Par-delà le bien et le mal*, 1886.

▶ La philosophie, fille de son temps

972 **« Chacun est le fils de son temps. De même aussi la philosophie : elle résume son temps dans la pensée. »**

Hegel, *Principes de la philosophie du droit*, 1821.

973 **« La chouette de Minerve ne prend son vol qu'à la tombée de la nuit. »**

Hegel, *Principes de la philosophie du droit*, 1821.

La philosophie, comme la chouette de Minerve, vient « toujours trop tard » ; elle prend toujours son envol après le baisser du rideau, quand la pièce est déjà terminée. Aussi n'a-t-elle pas la prétention de dire ce que sera le monde ; elle dit seulement ce qu'il a été, en nous aidant à le saisir et à le comprendre. ◆

974 **« Il ne saurait aujourd'hui y avoir des platoniciens, des aristotéliciens, des stoïciens, des épicuriens. Animer de nouveau ces philosophies [...] serait l'impossible et une sottise semblable à celle de l'homme qui s'efforcerait d'être de nouveau un jeune homme, ou du jeune homme qui voudrait redevenir un garçon ou un enfant, quoique l'homme, le jeune homme et l'enfant soient le même individu. »**

Hegel, *Leçons sur l'histoire de la philosophie*, 1833 (posth.)

► La philosophie et son enseignement

975 **« On ne peut apprendre aucune philosophie ; car où est-elle, qui la possède et à quoi peut-on la connaître ? On ne peut qu'apprendre à philosopher. »**

Kant, *Critique de la raison pure*, 1781.

976 **« Nous ne serons jamais philosophes, si nous avons lu tous les raisonnements de Platon et d'Aristote, et qu'il nous est impossible de porter un jugement ferme sur une question donnée : en effet, nous paraîtrons avoir appris non des sciences, mais de l'histoire. »**

Descartes, *Règles pour la direction de l'esprit*, 1701 (posth.)

L'enseignement de la philosophie ne peut être l'enseignement de l'histoire de la philosophie. Car philosopher ne consiste pas à répéter, en invoquant l'argument d'autorité, ce qu'ont écrit Platon et Aristote ; seul philosophe celui qui est capable de se servir de sa propre raison pour *penser par lui-même*.◆

977 **« Le professeur ne doit pas apprendre des pensées [...] mais à *penser*. Il ne doit pas porter l'élève mais le *guider*, si l'on veut qu'à l'avenir il soit capable de marcher de lui-même. »**

Kant, *Propos de pédagogie*, 1803.

978 **« Il paraît particulièrement nécessaire de faire de nouveau de la philosophie une affaire sérieuse. »**

Hegel, *La Phénoménologie de l'Esprit*, 1807.

C'est-à-dire une affaire pour laquelle on est prêt à « se donner de la peine », à faire l'effort d'apprendre et de chercher la vérité.◆

3. LA MÉTAPHYSIQUE

▶ Au-delà de la physique, la métaphysique

979 **Les philosophes « sont toujours amoureux d'un savoir qui puisse leur faire connaître cette essence éternelle qui n'est point soumise aux vicissitudes de la génération et de la corruption ».**

Platon, *La République*, IVe s. av. J.-C.

980 **« Il y a une science qui étudie l'Être en tant qu'être, et les attributs qui lui appartiennent essentiellement. »**

Aristote, *La Métaphysique*, IVe s. av. J.-C.

A la différence des sciences qui portent sur des objets particuliers, la *métaphysique* (notons que le terme est postérieur à Aristote) est l'étude de la réalité première, de la substance unique, immatérielle et transcendante dont tous les autres êtres découlent. ◆

981 **« La métaphysique fut conduite à chercher la réalité des choses au-dessus du temps, par-delà ce qui se meut et ce qui change, en dehors, par conséquent, de ce que nos sens et notre conscience perçoivent. »**

Bergson, *La Pensée et le Mouvant*, 1934.

982 **« De même qu'il y a un objet matériel derrière chaque sensation, de même y a-t-il une réalité métaphysique derrière tout ce que l'expérience humaine nous propose comme réel. »**

Max Planck, *Autobiographie scientifique*, 1948 (posth.)

983 **La métaphysique « n'est [...] que l'inventaire, systématiquement ordonné, de tout ce que nous possédons par la raison pure ».**

Kant, *Critique de la raison pure*, 1781.

La raison est dite « pure » lorsqu'elle ne contient absolument aucun élément tiré de l'expérience. ◆

984 **« Un système de la connaissance *a priori* par simples concepts se nomme *métaphysique*. »**

Kant, Introduction à la *Métaphysique des mœurs*, 1797.

Par « connaissance *a priori*», il faut entendre une connaissance absolument indépendante de l'expérience. La métaphysique, en effet, se place au-delà de toute expérience possible, puisqu'elle prétend connaître par le seul moyen des concepts. ◆

▶ La philosophie première

985 **« Méditations sur la philosophie première, dans lesquelles sont démontrées l'existence de Dieu et la distinction de l'âme et du corps. »**

Descartes, titre complet des *Méditations métaphysiques*, 1641.

986 **« Sous la dénomination de sagesse, chacun entend communément ce qui traite des premières causes et des premiers principes. »**

Aristote, *La Métaphysique*, IVe s. av. J.-C.

La sagesse est ici synonyme de *métaphysique*, laquelle désigne chez Aristote la science des premières causes et des premiers principes. ◆

987 **La métaphysique : « J'entends par cette science les vérités générales qui peuvent servir de principes aux sciences particulières. »**

Malebranche, *Entretiens sur la métaphysique*, 1688.

988 **« Toute la philosophie est comme un arbre, dont les racines sont la métaphysique, le tronc est la physique et les branches qui sortent de ce tronc sont [...] la médecine, la mécanique et la morale. »**

Descartes, *Principes de la philosophie*, 1644.

▶ Le besoin métaphysique de l'homme

989 **« Les temples et les églises, les pagodes et les mosquées, dans tous les pays, à toutes les époques, dans leur magnificence et leur grandeur, témoignent de ce besoin métaphysique de l'homme qui, tout-puissant et indélébile, vient aussitôt après le besoin physique. »**

Schopenhauer, *Le Monde comme volonté et comme représentation*, 1818.

990 **« L'homme est un animal métaphysique. »**

Schopenhauer, *Le Monde comme volonté et comme représentation*, 1818.

L'homme, observe Schopenhauer, est le seul animal à s'étonner de sa propre existence. C'est le seul à avoir conscience de la brièveté de sa propre vie, et le seul à s'interroger sur ce qui l'attend après la mort. ◆

991 **« Que l'esprit humain renonce une fois pour toutes aux recherches métaphysiques, on doit tout aussi peu s'y attendre qu'à nous voir, pour ne pas respirer un air impur, préférer suspendre totalement notre respiration. »**

Kant, *Prolégomènes à toute métaphysique future*, 1783.

▶ La métaphysique : un vaste champ de bataille

992 **« Les animaux ne font pas la guerre, et cela ne prouve pas la raison dans les animaux [...] ; tout au contraire. Le guerrier est un métaphysicien. »**

Alain, *Propos* du 15 décembre 1934.

Les hommes se battent avant tout pour faire triompher leurs idées, leurs opinions, leurs croyances. Et moins ces croyances sont fondées, plus elles ont besoin de fidèles et de partisans pour s'imposer. ◆

993 **« Quant à l'accord de ses partisans dans leurs assertions, [la métaphysique] en est tellement éloignée qu'elle semble être plutôt une arène tout particulièrement destinée à exercer les forces des lutteurs en des combats de parade et où jamais un champion n'a pu se rendre maître de la plus petite place et fonder sur sa victoire une possession durable. »**

Kant, *Critique de la raison pure* (2e éd.), 1787.

994 **« Nous disséquons des mouches, dit le philosophe, nous mesurons des lignes, nous assemblons des nombres ; nous sommes d'accord sur deux ou trois points que nous entendons, et nous disputons sur deux ou trois mille que nous n'entendons pas. »**

Voltaire, *Micromégas*, 1752.

995 **« Que contiennent les écrits des philosophes les plus connus ? Quelles sont les leçons de ces amis de la sagesse ? A les entendre, ne les prendrait-on pas pour une troupe de charlatans criant, chacun de son côté sur une place publique : Venez à moi, c'est moi seul qui ne trompe point ? »**

Rousseau, *Sur les sciences et les arts*, 1750.

▶ La métaphysique, inutile et incertaine ?

996 **« Nous affirmons que les soi-disant énoncés de la métaphysique sont *dépourvus de sens.* »**

Carnap, «Le dépassement de la métaphysique par l'analyse logique du langage», 1931.

Pour Carnap, l'un des fondateurs du Cercle de Vienne, s'interroger sur la vérité ou la fausseté des énoncés de la métaphysique est absurde, puisque ces énoncés sont totalement dénués de sens. Cette formule revient à retirer toute légitimité et toute validité à la métaphysique. ◆

997 **« Comme toute métaphysique s'est principalement occupée de substances et de liberté du vouloir, on peut la désigner comme la science qui traite des erreurs fondamentales de l'homme. »**

Nietzsche, *Humain, trop humain*, 1878.

Pour Nietzsche en effet, la liberté de la volonté et les substances inconditionnées de la métaphysique (les essences, les choses en soi) relèvent d'une falsification du réel. ◆

998 **« Quand bien même l'existence de ce monde [métaphysique] serait on ne peut mieux prouvée, il n'en serait pas moins certain que cette connaissance serait justement de toutes la plus indifférente : plus indifférente encore que ne l'est nécessairement au marin menacé par la tempête la connaissance de l'analyse chimique de l'eau. »**

Nietzsche, *Humain, trop humain*, 1878.

999 **« Quand un homme parle à un autre qui ne le comprend pas et que celui qui parle ne comprend plus, c'est de la métaphysique. »**

Voltaire, *Candide*, 1759.

1000 **« La métaphysique n'est pas une discussion stérile sur des notions abstraites qui échappent à l'expérience, c'est un effort vivant pour embrasser du dedans la condition humaine dans sa totalité. »**

Sartre, *Situations II*, 1952.

INDEX DES AUTEURS ET DES ŒUVRES

d'où les citations sont extraites

Les nombres qui suivent les titres d'œuvres renvoient aux numéros des citations.

E

F

G

H

J

K

L

M

S

T

U

V

W

Z

INDEX DES NOTIONS

Les nombres renvoient aux numéros des citations.

A

B

C

D

E

F

G

H

I

J

L

Photo de couverture : Francisco de Zurbarán,
Saint Bonaventure recevant la visite de Saint Thomas d'Aquin (détail).
Église San Francisco el Grande, Madrid. Photo © Archives Larbor

---

Achevé d'imprimer par Corlet, Imprimeur, S.A. - 14110 Condé-sur-Noireau
N° d'Éditeur : 10103305 - N° d'Imprimeur : 63434 - Dépôt légal : février 2003 - *Imprimé en France*